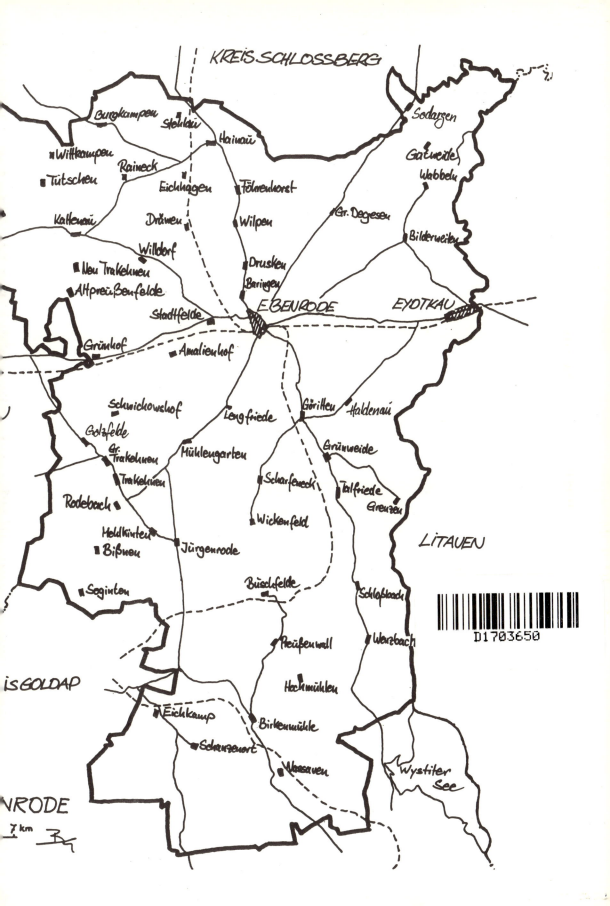

KREIS SCHLOSSBERG

Burgkampen
Stehlau
Hainau
Sodargen
Wittkampen
Gaßweide
Raineck
Wabbeln
Tutschen
Eichhagen
Fölrenhorst
Kattenau
Drämen
Wilpen
Gr. Degesen
Bilderweiten
Willdorf
Neu Trakehnen
Drusken
Altpreußenfelde
Baringen
EBENRODE
EYDTKAU
Stadtfelde
Grünhof
Amalienhof
Schnickowshof
Lengfriede
Görillen
Haldenau
Golzfelde
Gr. Trakehnen
Mühlengarten
Grünweide
Trakehnen
Scharfeneck
Talfriede
Greuzen
Rodebach
Wickenfeld
Heldkirten
Bißnen
Jürgenrode
Seginten
Buschfelde
Schloßbach
Reußenwall
Wersbach
is GOLDAP
Hochmühlen
Eichkamp
Birkenmühle
Schanzenort
LITAUEN
Woosauen
Wystiter
See
NRODE

7 km

Der Kreis Ebenrode (Stallupönen) in Bildern

ALLEN EHEMALIGEN BEWOHNERN
DES KREISES EBENRODE (STALLUPÖNEN)
UND IHREN NACHKOMMEN
ZUR ERINNERUNG
AN DIE OSTPREUSSISCHE HEIMAT
GEWIDMET

Der Kreis Ebenrode (Stallupönen) in Bildern

Zusammengestellt und mit Texten versehen
von Paul Heinacher

Herausgegeben von der
Kreisgemeinschaft Ebenrode (Stallupönen)

Kommissionsverlag Gerhard Rautenberg · Leer

Kartengrundlage:
Karte des Deutschen Reiches 1:100 000 Kreiskarte (KK)
Mit Genehmigung des Instituts für Angewandte Geodäsie
– Außenstelle Berlin – Nr. 148/89 vom 8. 9. 1989

© 1990 by Kreisgemeinschaft Ebenrode (Stallupönen) e. V.
Überarbeitete und erweiterte Neuauflage 1995
Gesamtherstellung: Rautenberg Druck GmbH, 26789 Leer
Kommissionsverlag Gerhard Rautenberg, Leer
ISBN 3-7921-0563-2

Inhalt

Ostpreußenlied

Land der dunklen Wälder
Und kristall'nen Seen,
Über weite Felder
Lichte Wunder geh'n.

Starke Bauern schreiten
Hinter Pferd und Pflug,
Über Ackerbreiten
Streicht der Vogelzug.

Und die Meere rauschen
Den Choral der Zeit,
Elche steh'n und lauschen
In die Ewigkeit.

Tag hat angefangen
Über Haff und Moor,
Licht ist aufgegangen,
Steigt im Ost empor.

GEDENKET
DER DEUTSCHEN GEBIETE IM OSTEN
MIT DEN LANDKREISEN
SCHLOSSBERG (PILLKALLEN)
EBENRODE (STALLUPÖNEN)
IN OSTPREUSSEN

1000 KM

Gedenkstein vor dem Haus Rote-Kreuz-Straße 6 in Winsen (Luhe), in dem sich die Heimatstuben der Kreisgemeinschaften Schloßberg (Pillkallen) und Ebenrode (Stallupönen) befinden.

Vorwort

Im Februar 1990 konnte als sinnvolle Ergänzung zu den bis zu dem Zeitpunkt herausgegebenen Dokumentationen

– „Die Geschichte des Kreises Stallupönen/Ebenrode in Ostpreußen" von Dr. phil. Rudolf Grenz (1. und 2. verbesserte und erweiterte Auflage)

– „Der letzte Akt" – Der Untergang unseres Heimatkreises Ebenrode (Stallupönen)" von Franz Schnewitz

der Bildband „Der Kreis Ebenrode (Stallupönen) in Bildern" erscheinen.

Während der Vorbereitung der Bilddokumentation erlebten wir eine dramatische Entwicklung in Osteuropa. Wir wurden Zeugen einer Freiheitsbewegung, die Ungarn, Polen, Rußland, die gesamte frühere Sowjetunion, die Tschechoslowakei, das Baltikum, Rumänien, Bulgarien und natürlich die damalige DDR erfaßte.

Viele Landsleute aus den neuen Bundesländern erhielten erstmalig Verbindung zur Kreisgemeinschaft und die Nachfrage nach Schriftgut aus der ostpreußischen Heimat war besonders groß. Das hatte zur Folge, daß gerade die Bildbandauflage im letzten Jahr vergriffen war und die Kreisvertretung sich zum Nachdruck der Dokumentation entschließen mußte, um sicherzustellen, daß künftig alle Interessenten berücksichtigt werden können.

Im Nachdruck sind besonders die Auswertungen der neuesten Forschungen hinsichtlich der Schreibweise der Ortsnamen und die Zuordnung von Ortschaften und Ortsteilen zu Kirchspielen berücksichtigt worden. Ferner sind die Angaben für die Opfer des Zweiten Weltkrieges auf den derzeitigen Stand der Erfassung gebracht worden.

Möge auch dieser Bildbandnachdruck der Erlebnisgeneration die Vergangenheit wieder lebendig werden lassen und unseren Kindern und Enkeln, aber auch allen Deutschen einen Einblick in unsere Heimat im Osten unseres Vaterlandes geben. Möge er ferner bei den Betrachtern einen nachhaltigen Eindruck von unserer Welt dort vermitteln und den kommenden Generationen eine bleibende Erinnerung an ihre Vorfahren und deren Lebensraum im Osten sein.

Jesteburg, im Juni 1995

(Paul Heinacher)
Kreisvertreter der Kreisgemeinschaft
Ebenrode (Stallupönen)

Der Kreis Ebenrode (Stallupönen)
(Zur kurzen Information)

Die Lage und seine Grenzen

Das Kreisgebiet im Nordosten der Provinz Ostpreußen grenzte im Norden an den Kreis Schloßberg (Pillkallen), die östliche Grenze des Kreises war gleichzeitig die Reichsgrenze zum litauischen Nachbarn, im Süden schloß sich der Kreis Goldap und im Westen der Kreis Gumbinnen an. In der Stadt Gumbinnen befanden sich gleichzeitig die Dienststellen des gleichnamigen Regierungsbezirks, zu dem neben den Stadtkreisen Insterburg, Memel, Tilsit und den Landkreisen Angerapp, Angerburg, Elchniederung, Goldap, Gumbinnen, Heydekrug, Insterburg, Memel, Schloßberg, Tilsit Ragnit, Treuburg auch der Kreis Ebenrode (Stallupönen) gehörte.

Der östliche Grenzabschnitt kann zu den ältesten Grenzlinien des Deutschen Reiches gezählt werden. Sie wurde im Frieden von Melnosee im Jahre 1422 zwischen dem Deutschen Ordensstaat und dem Großfürstentum Litauen vereinbart und hatte bis in unsere Zeit Gültigkeit.

Das Gebiet des Kreises Ebenrode (Stallupönen) gehörte zur Zeit des Deutschen Ordens (1226–1525) und in der herzoglichen Zeit (1525–1701) zu Insterburg, unterstand als Teil des altpreußischen Gaues Nadrauen also dem Insterburger Komtur und späteren Amtshauptmann. Die örtlich dirigierenden Verwaltungsorgane waren die Schulzenämter, zuständig für die geistliche Betreuung der Bewohner waren die Kirchspiele.

Bis 1944 blieb aber jene Verwaltungseinteilung wirksam, die mit dem Inkrafttreten der großen Verwaltungsreform am 1. September 1818 zur Begründung der Landkreise als unterste Verwaltungseinheit führte. Der Kreis umfaßte eine Gesamtfläche von 703,90 qkm und stand hinsichtlich seiner Ausdehnung im Regierungsbezirk Gumbinnen an letzter Stelle. Die größte Längenausdehnung von Norden nach Süden betrug 42 km, die größte Breite von Osten nach Westen ca. 30 km.

Die Landschaft

Im nordöstlichen Ostpreußen, etwa vom Memelstrom im Norden bis zum masurischen Hügelland im Süden, herrscht das Flachland vor. Das gilt trotz mancher Bodenerhebungen im Süden auch für das Kreisgebiet. Die Landschaft erscheint auf weiten Strecken eben wie ein Tisch, und es kann davon ausgegangen werden, daß der alte Name der Kreisstadt Stallupönen (lit. stales = Tisch) auf dieses charakteristische Merkmal hindeutet.

Im Norden des Kreises erhebt sich lediglich der Kattenauer Berg mit 104 m über dem Meeresspiegel, der zusätzlich mit einer künstlichen Erdaufschüttung, einem altpreußischen Burgwall, gekrönt ist.

Abwechslungsreicher als der Norden ist der Süden des Kreisgebietes gestaltet. Nachdem die Bodenreformen schon in der Mitte im Gebiet des tiefgeschnittenen Roßbaches (Pissa) südlich der Ortschaft Kisseln und ihres Nebenflusses Schloßfließ (Dobub) bei Haselgrund (Ostpr.) (Schabojeden) und Schloßbach (Pillupönen) etwas mannigfaltiger geworden sind, weisen besonders die Gegend des in einem geräumigen Talkessel des Roßbaches (Pissa) liegenden Kirchdorfes Birkenmühle (Mehlkehmen) und das Gebiet der Rominter Heide eine Reihe von Erhebungen auf.

Nördlich von Birkenmühle (Mehlkehmen) liegt auf dem linken Ufer des Roßbaches (Pissa), in der Nähe des Gutes Disselberg (Disselwethen), ein Hügel, der 171 m hohe Horeb, nahe bei Birkenmühle (Mehlkehmen), der 193 m hohe Pfaffenberg. Außerdem ist nördlich von Schanzenort (Schwentischken) der 203 m hohe Schanzenberg zu erwähnen. Unweit des Wystiter Sees erheben sich die 215 m hohe Dumbeler Höhe bei dem gleichnamigen Ort und nordöstlich davon der 212 m hohe Pfeifenberg. Die höchste Erhebung unseres Kreises, der 231 m hohe Haselberg (Lasdinkalnis), liegt südlich von Schanzenort (Schwentischken) bereits in der Rominter Heide.

Der Kreis Ebenrode (Stallupönen) hat keine Wasserläufe, denen im Rahmen des Wirtschaftslebens einige Bedeutung zuzusprechen ist. Der größte Wasserlauf des Kreises ist der Roßbach (Pissa), der aus dem durch Zuflüsse aus Litauen gespeisten Wystiter See kommt. Im nördlichen Teil trägt die Rauschwe zur Entwässerung des Teufelsmoores (Packledimmer Moor) bei, die hauptsächlich in nordöstlicher Richtung fließt und sich im Nordosten des Kreises mit der Schirwindt vereinigt. In diesem Fluß mündet auch der aus Litauen kommende und auf eine lange Strecke die Grenze zu Litauen bildende Grenzfluß (Lepone), an dem die Grenzstadt Eydtkau (Eydtkuhnen) liegt.

Der größte im Kreis Ebenrode (Stallupönen) gelegene See ist der Marinowo See – später umbenannt in Gömbös-See –, ein schöner, stiller Waldsee südwestlich von Schanzenort (Groß Schwentischken). Seine Länge beträgt von Norden nach Süden 1,5 km und seine größte Breite im Norden 0,75 km. Er umfaßt etwa 197 Morgen (= fast 50 ha) und liegt 161 Meter über dem Meeresspiegel.

An den größten See des gesamten Gebietes, den Wystiter See, mit einer Länge von 8,5 km und rund 4 km Breite stößt nur im Südosten eine kleine Ecke der Kreisgrenze.

Von den gewaltigen Waldungen des etwa 75 km breiten Waldgürtels, den der Deutsche Orden an der litauischen Grenze als natürlichen Schutzwall gegen die Einfälle seiner Nachbarn hatte entstehen lassen, der sogenannten Wildnis, ist, vom Süden des Kreisgebietes abgesehen, nichts übrig geblieben. Bei der letzten Bodenbenutzungserhebung vor dem Zweiten Weltkrieg wurden im Kreis Ebenrode (Stallupönen) 4 986 ha Wald – davon 519 ha privat – ermittelt.

Aus der Geschichte

Wie bereits vorstehend erwähnt, dominierte im östlichen Ostpreußen hinsichtlich der landschaftlichen Ausgestaltung, also auch im Kreis Ebenrode (Stallupönen), während der Ordenszeit bis in die herzogliche Zeit hinein der Wald, die sogenannte Wildnis. Während der Ordenszeit bis zum Anfang des 16. Jahrhunderts blieb das Gebiet des Kreises dünn besiedelt. Erst nach der Umwandlung des Ordensstaates in ein weltliches Herzogtum durch Herzog Albrecht im Jahre 1525 kam eine planmäßige Besiedelung voran. Ausgangspunkt für die Kolonisierung des Kreisgebietes wurde Insterburg, das bereits 1526 zum Hauptamt erhoben wurde. Der eingesetzte Amtshauptmann hatte die Aufgabe, Siedler in das Land zu holen und an diese den Boden aufzuteilen. Diese ersten Siedler hatten bedeutenden Anteil an dem Rodungswerk, das den wilden Wald in fruchtbares Ackerland verwandelte.

Durch die Tatareneinfälle in den Jahren 1656 und 1657 wurde auch das Gebiet des Hauptamtes Insterburg schwer betroffen. Neben den großen Verlusten bei der Bevölkerung wurde das Land restlos verwüstet.

Kaum hatten sich die Bewohner der Region von dem Schrecken der Tatareneinfälle erholt, als zum Anfang des 18. Jahrhunderts ein neues Unheil nahte; die Pest. In den Jahren 1709–1711 breitete sich diese furchtbare Krankheit mit großer Geschwindigkeit über ganz Ostpreußen aus. Ein großer Teil der Bevölkerung wurde dahingerafft. Einen ziemlich genauen Überblick über die eingetretenen Bevölkerungsverluste im Kreisgebiet geben die vorhandenen Unterlagen aus dem Jahr 1712. Danach erlagen der Pest zum Beispiel im Kattenauschen Schulzenamt rund 91 % der Bevölkerung.

Bereits in der Zeit von 1711–1713 trafen die ersten Siedler aus dem Westen in dem fast entvölkerten Gebiet ein. Unter ihnen besonders viele Schweizer, aber auch Franken und Pfälzer. Friedrich Wilhelm I. (1713–1740) nahm sich gleich bei seinem Regierungsantritt tatkräftig des Siedlungswerkes an. Größere Trupps von Kolonisten trafen – unter anderem auch aus Schwaben und Nassau – in den folgenden Jahren in Ostpreußen ein.

In den Jahren 1732–1736 erfolgte die Einwanderung der Salzburger. Ca. 12 000 Personen aus diesem Raum fanden in Ostpreußen, besonders im Regierungsbezirk Gumbinnen, eine neue Heimat.

Von den ersten Kriegszügen der polnischen Masowier gegen die Altpreußen, dem Einfall der polnisch-litauischen Heere unter König Jegiello, den Invasionen der Tataren, der Besetzung durch das zaristische Heer im Siebenjährigen Krieg, den Verwüstungen des Landes 1812 beim Durchmarsch französischer und verbündeter Truppen im Krieg gegen Rußland, dem russischen Einfall 1914 bis hin zu den alles überbietenden Schrecken im Jahre 1944 – immer wieder mußten die Bewohner des Grenzkreises schweres Leid erdulden.

Durch die bedrohliche Lage an der Ostfront mußten bereits am 1. August 1944 die ersten Bewohner des Kreises Ebenrode (Stallupönen) ihre Heimat verlassen. Am 17. Oktober ordnete der Landrat die Räumung des gesamten Kreises an.

Die „Rote Armee" griff mit einer gewaltigen Übermacht die im Kreisgebiet eingesetzten deutschen Verbände an und besetzte ab Mitte Oktober trotz heldenhaften Widerstandes der deutschen Soldaten den größten Teil des Kreises. Das Kirchspiel Kattenau und einige wenige weitere Ortschaften des Kreises konnten vorerst gehalten werden, bis dann Mitte Januar 1945 auch dieses Gebiet aufgegeben werden mußte.

Die Bevölkerung

Bei der letzten Volkszählung vor dem Zweiten Weltkrieg (am 17. Mai 1939) betrug die ständige Bevölkerung des Kreises (z. B. ohne Reichsarbeitsdienst) 40 823 Einwohner. Auf einem qkm des Kreises kamen also rund 60 Einwohner. Im Vergleich dazu betrug der damalige Reichsdurchschnitt 132 Einwohner je qkm. In der Kreisstadt Ebenrode (Stallupönen) wurden 6 608 und in Eydtkau (Eydtkuhnen) 4 922 Einwohner gezählt. Die soziale Stellung der Kreisbevölkerung wurde anhand der Berufszählung von 1939 nachgewiesen. Prozentual ergab die Aufteilung der Erwerbspersonen mit Angehörigen für die Bevölkerung folgendes Bild:

Selbständige	22,5	Beamte	6,9
Mithelfende Familienangehörige	17,5	Angestellte	5,0
Arbeiter	48,1		

Der Kreis Ebenrode (Stallupönen) bestand aus 168 politischen Gemeinden, die sich selbständig verwalteten. Die Anzahl der Ortschaften war natürlich größer. Einzelheiten dazu sind aus den Ortsnamenverzeichnissen der einzelnen Kirchspiele zu entnehmen. Mit Erlaß des Oberpräsidenten der Provinz Ostpreußen vom 3. Juni 1938 wurden die Ortsnamen in der Provinz teilweise geändert. Aus Stallupönen wurde Ebenrode und aus Eydtkuhnen Eydtkau. Die Ortsnamenänderungen sind ebenfalls aus den Verzeichnissen der Kirchspiele ersichtlich.

Handwerk und Industrie

Das Handwerk war wie seinerzeit überall in den Landkreisen Ostpreußens stark vertreten. Die Anzahl und die Verteilung der Betriebe im Kreisgebiet richtete sich nach den Bedürfnissen der Bevölkerung. Die einzelnen Fachrichtungen – Bäcker, Fleischer, Müller, Stellmacher, Schmiede, Schneider, Schuster, Sattler und Tapezierer, Gärtner, Friseure, Elektro-Installateure, Böttcher, Schlosser – hatten sich zu Innungen zusammengeschlossen. Nach dem Ersten Weltkrieg kam im Handwerk der Beruf des Kraftfahrzeugmechanikers dazu.

Im Jahre 1937 wurde im Kreisgebiet folgender Bestand an Kraftfahrzeugen gezählt: 710 Krafträder, 565 Personenwagen, 45 Lastkraftwagen, 53 Zugmaschinen, 1 Kraftfahrzeug für Feuerlöschzwecke.

In ihren Anfängen ist die Industrie nur schwer vom Handwerk zu unterscheiden. In die rasante Entwicklung des technischen Zeitalters wurde auch der Kreis Ebenrode (Stallupönen) einbezogen. In dem „Ostpreußischen Industrie-Adreßbuch" aus dem Jahre 1936 werden im Kreisgebiet aufgeführt: vier Ziegeleien, vier Bau- und Möbeltischlereien, drei Buchdruckereien, zwei Maschinenfabriken, eine Lederfabrik, eine Zementwarenfabrik, eine Selterwasserfabrik, zwei Getreidemühlenwerke, eine Eisengießerei, eine Schnupftabakfabrik, vier Holzsägewerke.

Die Landwirtschaft

Im Kreis Ebenrode (Stallupönen) entfielen 1939 von der Gesamtfläche (70 390 ha) auf die landwirtschaftliche Nutzfläche 59 135 ha (= 84 %), auf Forsten und Holzungen 4 943 ha (= 7 %) und auf unkultivierte Flächen 6 312 ha (= 9 %).

Von 3 334 landwirtschaftlichen Betrieben lagen nur 10 über 500 ha und 19 zwischen 200–500 ha. Dem standen 1 388 Betriebe zwischen 5–20 ha gegenüber, während die weitaus größere Fläche von Betrieben mit 20–200 ha bewirtschaftet wurde. Darüber hinaus existierten 730 Betriebe von 2–5 ha. Nutzflächen bis 2 ha sind bei dieser Berechnung nicht berücksichtigt worden.

Diese Zahlen machen deutlich, daß die landwirtschaftliche Nutzfläche im Kreisgebiet überwiegend von bäuerlichen Klein- und Mittelbetrieben bewirtschaftet wurde.

Die beim Getreide- und Kartoffelanbau erzielten Erträge entsprachen den seinerzeit möglichen Leistungen im gesamten Reichsgebiet.

Vor dem Ausbruch des Zweiten Weltkrieges waren rund 21 000 Personen im Kreisgebiet in der Landwirtschaft tätig, also gehörten 52 % der Einwohner des Kreises zur Wirtschaftsgruppe Land- und Forstwirtschaft.

Hauptgestüt Trakehnen

Das im Kreis Ebenrode (Stallupönen) – und zum Teil im Kreis Gumbinnen – gelegene Areal des Hauptgestüts Trakehnen war eine Schöpfung des Soldatenkönigs Friedrich Wilhelm I. (Regierungszeit von 1713–1740), das im Jahr 1732 gegründet wurde.

Allgemeine Bedeutung erlangte das Gestüt erst, als es unter Friedrich Wilhelm II. 1787 Staatsgestüt unter der Bezeichnung „Königlich Preußisches Hauptgestüt" wurde und die vordringliche Aufgabe erhielt, durch die Züchtung von Hengsten für die Landgestüte zur Verbesserung der ostpreußischen Landespferdezucht beizutragen. Von diesem Zeitpunkt an wurde in Trakehnen ein Zuchtregister geführt, das alle für die Zucht wesentlichen Nachweise enthielt. Von 1787 wurde ebenfalls das Brandzeichen der einfachen siebenzackigen Elchschaufel gebrannt. Zunächst nur für Pferde des Reitschlags, ab 1815 wurden alle in Trakehnen geborenen Pferde mit diesem Brand auf dem rechten Hinterschenkel gekennzeichnet. Mit dem Brandzeichen der doppelten Elchschaufel auf dem linken Hinterschenkel wurden seit 1888 die im Stutbuch eingetragenen „Warmblutpferde Trakehner Abstammung" gekennzeichnet. Die einfache Elchschaufel mit der „Reichskrone" auf dem linken Hinterschenkel war das Kennzeichen für „Warmblutpferde Trakehner Abstammung", die nur im Vorregister aufgenommen wurden.

Das Gesamtareal des Hauptgestüts Trakehnen umfaßte 6 021 ha. Davon befanden sich etwa 3 000 ha unter dem Pflug, 2 500 ha waren Wiesen und Weiden. Die Größe des Waldes betrug knapp 200 ha, der Rest wurde von Wegen, Wasser, Parks, Gebäuden und Gartenland eingenommen.

Zum Hauptgestüt gehörten 15 Vorwerke.

Nach dem Stand vom 31. August 1944 dienten 20 Hauptbeschäler und 378 Mutterstuten der Pferdezucht. Der Gesamtzuchtbestand Trakehnens betrug zum gleichen Zeitpunkt 1 115 Gestütpferde.

Zum landwirtschaftlichen Betrieb zählten 450 warmblütige Arbeitspferde, 150 Zugochsen, 360 Stück Weide- und Mastvieh, drei Herdbuchherden mit insgesamt 190 Milchkühen, zwei Schwarzkopf-Schafherden mit zusammen 400 Mutterschafen.

Zu diesen staatlichen Zucht- und Nutztierbeständen gesellten sich dann noch etwa 600 Deputatkühe, 650 bis 700 Deputatschafe, ebenso etwa 2 000 Schweine und 12 000 Stück Geflügel im Besitz der insgesamt 1 097 Gestütsbediensteten.

Quellenverzeichnis:
- Die Geschichte des Kreises Stallupönen/Ebenrode in Ostpreußen – Dokumentation eines ostpreußischen Grenzkreises, 2. verbesserte und erweiterte Auflage, von Dr. phil. Rudolf Grenz
- Statistik des Deutschen Reiches, Band 559, 1 – Ergebnis der Volks-, Berufs- und landwirtschaftlichen Betriebszählung vom 17. Mai 1939
- Jahrbücher des Kreises Stallupönen ab 1920

Kirchspiel Bilderweiten (Bilderweitschen)

Evangelische Kirche Bilderweiten (Bilderweitschen), erbaut 1730. Das evangelisch-lutherische Kirchspiel Bilderweitschen ist 1718 vom Kirchspiel Stallupönen abgezweigt worden. Ein großer Teil der Bewohner waren Salzburger. Nach den Kriegsbeschädigungen im Jahr 1914 mußte die Kirche umfassend restauriert werden. Nach erfolgter Beseitigung der Schäden wurde sie am 18. Juni 1926 feierlich eingeweiht, womit gleichzeitig die 200-Jahr-Feier der Kirchengemeinde verbunden war.

Zum Kirchspiel Bilderweiten (Bilderweitschen) gehörten 19 Orte (politische Gemeinden) und 6 Ortsteile mit 2066 Einwohnern (E = Einwohnerzahl am 17. Mai 1939).

Antonshain (Antanischken) mit Antonsfelde (Antanlauken), E.: 68.
Bartztal (Bartzkehmen), E.: 129.
Bilderweiten (Bilderweitschen) mit Grabfelde (Grablauken) und Domäne Zenthof (Budweitschen), E.: 342.
Groß Degesen mit Eichrode (Gut Degesen) und Sommerkrug (Gut Tarpupönen), E.: 277.
Gutweide (Ostpr.) (Gudweitschen), E.: 91.
Jocken (Jocknen), E.: 77.
Lauken, E.: 206.
Lehmfelde (Plimballen), E.: 92.
Mecken, E.: 72.
Neuenbach (Schwiegupönen), E.: 49.
Raschen (Ostpr.) (Radszen, ab 17. 9. 1936 Radschen), E.: 47.
Rauschmünde (Kosakweitschen), E.: 65.
Sandau (Ostpr.) (Osznaggern, ab 17. 9. 1936 Oschnaggern) mit Russen (ab 1. 10. 1939), E.: 101.
Schapten (bis 17. 9. 1936 Szapten), E.: 73.
Schmilgen, E.: 36.
Schuggern (bis 17. 9. 1936 Szuggern), E.: 49.
Stobern, E.: 51.
Wabbeln, E.: 176.
Weitenruh (Nausseden), E.: 65.
Zum Kirchspiel Bilderweiten (Bilderweitschen) gehörte auch der Ortsteil Schwiegen (Schwiegupönen) von der Gemeinde Sodargen, Kirchspiel Steinkirch (Groß Warningken), Kreis Schloßberg (Ostpr.), (Pillkallen).
Von Groß Degesen gehörte der Ortsteil Sommerkrug (Gut Tarpupönen) zum Kirchspiel Steinkirch (Groß Warningken), Kreis Schloßberg (Ostpr.), (Pillkallen).

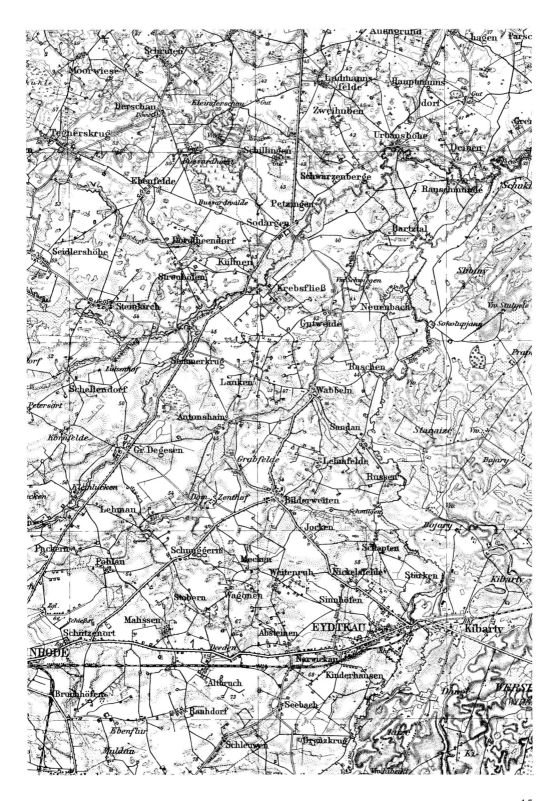

15

Antonshain

Klassenaufnahme von 1932 mit Lehrer Hoffmann. Die einklassige Schule lag auf der Grenze zwischen Antonshain und Lauken; sie trug den Namen Antanlauken

Blick über den Grenzfluß Schirwindt nach Litauen

Bauernhof Petrat

Bauer Petrat
beim Säen

Wohnhaus der Salzburger Familie Hofer, seit 1732 in Bartztal ansässig

Ansichtskarten aus der Zeit nach dem Ersten Weltkrieg

Gasthaus Sodeikat

Brücke und Dorf

Praezentorat

Gruss aus Bilderweitschan

Verlag A. Werwath, Stallupoenen.

Innenansicht der evangelisch-lutherischen Kirche

Gemeindehaus der evangelisch-lutherischen Kirchengemeinde

Postkarte aus der Zeit nach dem Ersten Weltkrieg

*Die katholische Pfarrkirche in Bilderwei-
ten (Bilderweitschen). Erbaut in den Jahren 1860/61 vorerst für die Katholiken
der Kreise Stallupönen und Pillkallen. Das
katholische Kirchspiel Bilderweitschen
gehörte zum Bistum Ermland mit dem Sitz
des Bischofs und des Domkapitels in Frau-
enburg.*

*Innenansicht der katholischen
Pfarrkirche*

Gasthaus Steinbacher. Nach der Zerstörung im Ersten Weltkrieg neu erbaut

Klete (nach A. Bötticher 1895)

Wohnhaus des Bauern Heinrich

Giebelansicht

24

Groß Degesen

Königseiche mit Ehrenfriedhof

Zerstörte Insthäuser des Gutes im Jahr 1914

Ansichtskarte aus der Zeit vor 1938

Gutweide

Wohnhaus der Salzburger Familie Schlemminger (ansässig im Ort seit 1732)

Hof Schlemminger nach dem Wiederaufbau

Bauernhof Buchholz

Wohnhaus des Bauern Gustav Reinbacher

Ehrenfriedhof von 1914

Neuenbach

Bauernhof Franz Büchler

Sandau mit Ortsteil Russen

Schule Sandau

Schulklasse 1938/39, Lehrer Zehra

Hof Janzon-Brenneisen

Bauernhof Prapolinat

29

Bauernhof Otto Wiemer

*Oma Benkler mit En-
kelsohn Alfred Wiemer
am Spinnrad*

Hof Gustav Lieder, Ortsteil Russen

Der Kutschwagen erreichte mit der Familie Lieder den Westen. Aufnahme aus dem Jahr 1960 in Itzehoe

Hof Franz Veithöfer, Ortsteil Russen

Wohnhaus Fritz Ehmer

Giebelansicht des Wohnhauses Ehmer

*Staatsprämienstute „Pemetti"
mit Fohlen des Bauern Ehmer*

32

Viehherde des Bauern Fritz Ehmer

Mayhöfer

Gasthaus Kaiser

Weitenruh

Gasthaus Albert Brehm

Wohnhaus Albert Flö-
tenmeyer

Kirchspiel Birkenmühle (Mehlkehmen)

Kirche Birkenmühle (Mehlkehmen). Die Bauzeit der Kirche liegt zwischen 1699–1706. Die Gründung des Kirchspiels erfolgte im Jahr 1692; es gehörte seinerzeit zum Kreis Goldap. Erst im Jahr 1841 kam das Kirchspiel Mehlkehmen zum Kreis Stallupönen; es wurde dann gegen das Kirchspiel Tollmingkehmen, das bis 1841 zum Kreis Stallupönen gehörte, ausgetauscht.

Zum Kirchspiel Birkenmühle (Mehlkehmen) gehörten 15 Orte (politische Gemeinden) und 23 Ortsteile mit 3998 Einwohnern (E = Einwohnerzahl am 17. Mai 1939).

Birkenmühle (Mehlkehmen) mit Kleinbirkenmühle (Klein Lengmeschken), Messeden und Soben (Sobeitschen), E.: 879.

Bredauen mit Gut Bredauen (Baibeln) und Dumbeln, E.: 482.

Damerau mit Grünwalde, Neuteich und Schönbruch, E.: 229.

Dürrfelde (Krajutkehmen), E.: 107.

Eichkamp (Schackummen) mit Fuchsberg, Luisenhof, Forsthaus Eichkamp (Forsthaus Klein Schackummen) und Kurhaus am Gömbös-See (Marinowo-See), E.: 231.

Ellerbach (Ostpr.) (Groß Grigalischken), E.: 106.

Germingen (Germingkehmen), E.: 79.

Hochmühlen (Szeskehmen, ab 17. 9. 1936 Scheskehmen), E.: 190.

Kalkhöfen (Aschlauken) mit Kleinkalkhöfen (Klein Grigalischken), E.: 158.

Lichtentann (Girnischken), E.: 77.

Nassawen mit Jägerstal (Jägersthal), Oberförsterei Nassawen und den 3 Forsthäusern Jägerstal, Nassawen und Schenkenhagen (Schinkuhnen), E.: 402.

Preußenwall (Gudellen) mit Blocksberg (Bisdohnen) und Weitendorf (Ostpr.) (Szameitkehmen, ab 17. 9. 1936 Schameitkehmen) (beide ab 1. 10. 1939), E.: 190.

Rehbusch (Girnuhnen), E.: 127.

Schanzenort (Schwentischken) mit Kleinschanzenort (Klein Schwentischken), Klingersberg und Forsthaus Schanzenort (Forsthaus Schwentischken), E.: 545.

Schenkenhagen (Szinkuhnen, ab 17. 9. 1936 Schinkuhnen), E.: 196.

Zum Kirchspiel Birkenmühle (Mehlkehmen) gehörte auch der Ortsteil Hugenberg von der Gemeinde Wenzbach (Wenzlowischken), Kirchspiel Schloßbach (Pillupönen).

Von Bredauen gehörte der Ortsteil Gut Bredauen (Baibeln) zum Kirchspiel Schloßbach (Pillupönen).

37

Birkenmühle

Kirchenschiff mit Altarraum

Ehrenmal für die Opfer der Kriege auf dem Kirchenvorplatz. Auf der zweifach verbreiterten Konsole erhob sich die vierkantige, nach oben verjüngende Denkmalsäule aus Granitstein, auf deren konischen Abschluß eine Metallkugel saß, darüber ein fußender Adler seine Schwingen breitete.

Feldpostkarte vom 3. 11. 1916

Ansichtskarte aus dem Jahre 1930

Dorfansicht, Hauptstraße

Oberer Teil des Marktplatzes mit Dorfstraße

Molkerei; Aufnahme aus dem Jahr 1940

40

Schulklasse mit Lehrer Lötz und Präsentor Gardian

Schulklasse im Jahr 1930 mit Lehrer Kullack

Schulausflug im Sommer 1930. Im Hintergrund Pavillon am Marinowo See

41

Schulfest 1932

Lehrerverein

Reichsarbeitsdienst-Abteilung 12/6

Marsch vom Straßenbau in Schanzenort zum Lager

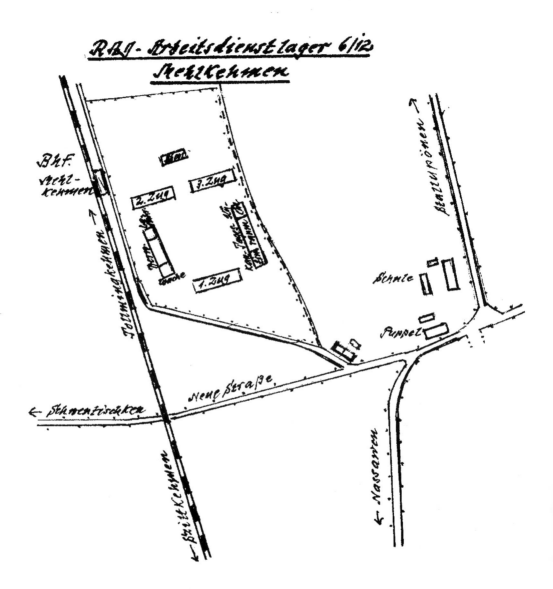

Skizze von Franz Schnewitz über das Reichsarbeitsdienstlager der Abteilung 6/12

Reiterverein Birkenmühle

Bahnhof Birkenmühle

Am Mühlenteich. Links
die Wassermühle v. d.
Goltz, rechts die Kirche

Apotheke Hirsch

Familie Henschel; Aufbruch zur Flucht im Oktober 1944

Zweiklassige Schule, Aufnahme von 1939

Eichkamp

Ansichtskarte aus dem Jahr 1930

Gutshaus von der Hofseite.
Eigentümer Wolfgang
Herzog-Meyhoeffer

Teilansicht des Guts-
hofes

Weitere Wirtschaftsgebäude, rechts die Gutsschmiede

Hochmühlen

Dorfansichten

Gasthaus Lisbeth Warkall

Kalkhöfen

Hof der Gendarmerie-Witwe Lina Biernath

Nassawen

Forstamt Nassawen, Wohnsitz des Oberforstmeisters

*Oberförster-
gehöft in
Jägerstal*

*Siedlung
Bahnhof Nas-
sawen*

Preußenwall

Ansichtskarte mit Kolonialwarenge-schäft Segendorf und Schule

Hof Fritz Regge; seit Generationen im Familienbesitz

Dorfstraße

Hof Warnatsche Erben

Familie Warnat fertig zur Ausfahrt

Wohnhaus des Mühlenbesitzers

Wassermühle Salecker, erbaut im Jahr 1931 am Roßbach (Pissa)

An der Schleuse – ein beliebter Badeplatz

Landschaft an der Pissa (Roßbach), links „Horeb", rechts „Schwarzer Berg"; unten links Hof Schnewitz, Ortsteil Blocksberg

Schulklasse Blocksberg bei einer Klassenwanderung im Jahr 1934

Hof Otto Gruber

Ansichtskarte des Ortsteils Weitendorf aus dem Jahr 1934

Rehbusch

Landwirtschaftlicher Betrieb Friedrich Schmidt im Winter

Wohnhaus Schmidt, Hofseite

Gartenseite

Schulklasse, Aufnahme aus dem Jahr 1934

Hof Kerrinnis-Dobat

Schanzenort

Ansichtskarte aus der Zeit vor 1938

Blick vom Schanzenberg bei Schanzenort auf die Rominter Heide

Jäger Neubacher und sein Hirsch

Familie Neubacher bei der Ausfahrt

Klassenaufnahme aus dem Jahr 1934

59

Am Marinowo See (in der Zeit des „Dritten Reiches" in „Gömbös-See" umbenannt; Einzelheiten dazu in der Kreisdokumentation, 2. Auflage, Seite 413); links Kurhaus, rechts Tanzupavillon

Teehaus am Marinowo See, ein beliebtes Ausflugsziel

Teilansicht vom Marinowo See

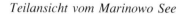

Badesteg am Marinowo See

Stimmung am See

*Vorfrühling
am Marinowo See*

Schenkenhagen

Hof Otto Graßat

Kirchspiel Ebenrode (Stalupönen)

Kirche Ebenrode (Stalupönen). In den ersten Jahren nach seiner Gründung unterstand das Dorf Stalupönen dem Kirchspiel Pillupönen (Schloßbach), das 1557 gegründet worden war. Erst 1585 entstand ein eigenes Kirchspiel Stalupönen. Die erste evangelische Pfarrkirche wurde im Jahre 1589 errichtet, eine Holzkirche, die 1719 abbrannte. 1726 wurde die neue Kirche eingeweiht. Später schlug dann bei einem starken Gewitter der Blitz viermal in dem zweietagigen, aus Fachwerk erbauten Kirchturm ein, der 1769 abgetragen wurde.
1814 erfolgte ein umfangreicher Umbau; die Wiedereinweihung fand am 3. Dezember 1815 statt. Die Kirche ist bei den Kämpfen im Zweiten Weltkrieg zerstört worden.

Zum Kirchspiel Ebenrode (Stallupönen) gehörten 26 Orte (politische Gemeinden) und 11 Ortsteile mit 10 411 Einwohnern (E = Einwohnerzahl am 17. Mai 1939).

Altbruch (Peschicken), E.: 66.
Amalienhof (teilweise aus Hopfenbruch und Enskehmen), E.: 275.
Baringen (Bareischkehmen) mit Leibgarten und Plicken, E.: 432.
Bruchhöfen mit Ebenflur (Skarullen) und Muldau (Dozuhnen), E.: 338.
Brücken (Ostpr.) (Patilszen, ab 17. 9. 1936 Patilschen), E.: 92.
Deeden, E.: 70.
Drusken, E.: 198.
Ebenrode (Stallupönen) mit Dobel, Kreisstadt, E.: 6608.
Grünhof mit Forsthaus Grünhof, E.: 125.
Hopfenbruch mit Kleinhopfenbruch (Paballen), E.: 112.
Kögsten, E.: 53.
Krähenwalde (Kischen), E.: 70.
Lehmau (Szillehlen, ab 17. 9. 1936 Schillehlen), E.: 114.
Lucken mit Kleinlucken (Klein Degesen) und Neulucken (Lukoschen), E.: 168.
Malissen, E.: 153.
Packern, E.: 45.
Parkhof (Doblendszen, ab 17. 9. 1936 Doblendschen), E.: 58.
Pohlau (Schöckstupönen), E.: 98.
Rauhdorf (Raudohnen), E.: 71.
Rauschendorf (Ostpr.) (Enskehmen) mit Stubbenhof (Kerrin), E.: 87.
Ribben, E.: 101.
Rohren (Ostpr.) (Groß Wannagupchen) mit Amerika, E.: 187.
Schützenort (Petrikatschen), E.: 147.
Stadtfelde (Lawischkehmen), E.: 602.
Wagonen (Wagohnen), E.: 29.
Wilpen (Wilpischen), E.: 112.
Zum Kirchspiel Ebenrode (Stallupönen) gehörte auch der Ortsteil Krausen von der Gemeinde Sonnenmoor (Kiddeln), Kirchspiel Kattenau.
Von der Gemeinde Bruchhöfen gehörte der Ortsteil Muldau (Dozuhnen) zum Kirchspiel Göritten.

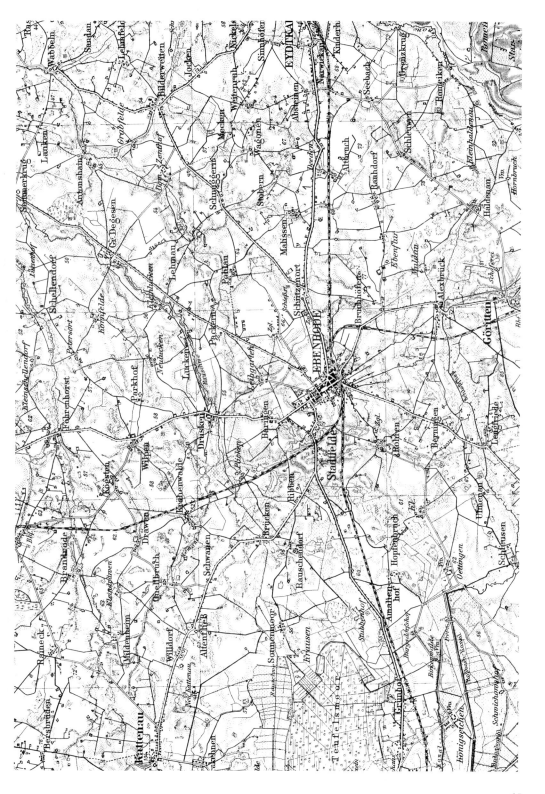

65

Altbruch

Altbruch – Ostpr.   Schule.

Federzeichnung eines Soldaten, der im Ort einquartiert war

Amalienhof

Freiwillige Feuerwehr 1938;
Wehrführer Georg Winkler

Siedlung der Familie Traeder,
Aufnahme aus dem Jahr 1934

66

Baringen

Schule

Gasthaus Schimmelpfennig

Gaststätteneingang

Wohnhaus Albert Lepenies

Wohnhaus Franz Sinnhöfer

Wohnhaus des Bürgermeisters Gustav Achenbach, Hofseite

*Ansichtskarte
aus der Zeit vor 1938*

Schmiede Buttgereit

*Stellmacher Weischwillat
mit seinen Gesellen*

Deeden

Reiterverein bei der Aufstellung zu einem Vorbeimarsch; links mit Zylinder Becker, Deeden, 1. Vorsitzender, rechts Klewer, Wagonen, 2. Vorsitzender

Ausflug mit Angehörigen des Reitervereins Deeden im Jahr 1923

Dorf Drusken bei Stallupönen

Zerstörte Häuser im Ersten Weltkrieg

Insthäuser; Aufnahme aus dem Jahr 1927

Kartengruß vom 23. 5. 1899

Kartengruß vom 29. 8. 1900

Soldaten der kaiserlichen Armee auf dem Altstätischen Markt

Neustätischer Markt vor dem Ersten Weltkrieg

Kriegerdenkmal für die Gefallenen von 1864, 1866, 1870/71 auf dem Neustädtischen Markt, das am 2. September 1900 – Sedanstag – enthüllt wurde. Der Lorbeerkranz der Germania wurde 1914 von den eindringenden russischen Soldaten zerschossen; Germania und Reliefplatten 1918 eingeschmolzen. Siehe auch Bild auf Seite 96

Goldaper Straße vor dem Ersten Weltkrieg

Schillerstrasse

Kreiskrankenhaus

Gruss aus Stallupönen

Bahnmeisterei

Beamtenhäuser

Kartengruß aus der Zeit vor dem Ersten Weltkrieg

Blick in die Polnische Straße (später Kasseler Straße)

Gruß aus Stallupönen, Bahnhofstraße

Schiessstand

om Stallupoener Schützenpark

Kartengruß aus dem Jahr 1902

Stallupönen
Schützenpark, Partie beim Schießstand

31653

Rathausstraße/
Ecke Schirwindter Straße

Zerstörungen durch
russische Truppen 1914:
Altstätischer Markt mit
Hotel Cabalzer und Kirche

Zerstörtes Haus Werwath und andere

Durchgang zum
Neustätischen Markt

Kleiner Markt

*Blick vom Kirchturm
Richtung Norden*

Zerstörte Ulanenkaserne

*Polnische Straße,
später Kasseler Straße,
Richtung Eydtkuhnen*

Bahnhof

*Gräber gefallener
russischer Soldaten neben
der Stadtschule; die
Gefallenen fanden später
auf dem Ehrenfriedhof ihre
letzte Ruhestätte*

Der Krieg im Osten   Die Trümmer des Baugeschäfts Leitner, Stallupönen

Zerstörtes Baugeschäft Leitner

Baustofflager

Arbeitseinsatz russischer
Soldaten beim Wiederaufbau

*Gedenkfeier anläßlich der Befreiung
der Stadt von russischen Truppen
im März 1916*

*Empfang des Kaisers vor dem
Landratsamt am 1. August 1917*

*Feierstunde im Zusammenhang mit
dem Besuch des Kaisers auf dem
teilweise wieder aufgebauten
Altstätischen Markt*

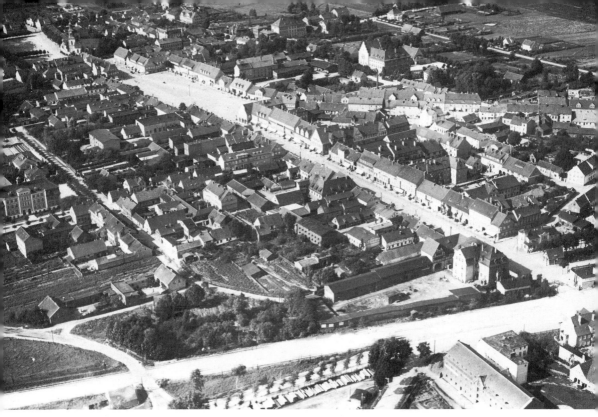

Luftbildaufnahme mit Goldaper Straße und Altstätischem Markt

Altstätischer Markt; später in „Adolf-Hitler-Platz" umbenannt

Geleitwort des Generalfeldmarschalls v. Hindenburg zum Wiederaufbau unseres Kreises.

Als Ehrenbürger der einst so schwer heimgesuchten ostpreussischen Stadt Stallupönen, habe ich mit grosser Freude von deren Wiederaufbau gehört.

Mögen alle Einwohner Stallupönens in Eintracht auch am Wiederaufbau unseres Vaterlandes tätig sein; dann wird Gottes Hülfe nicht ausbleiben!

von Hindenburg

General-Feldmarschall!

Geleitwort des Generalfeldmarschalls von Hindenburg zum Wiederaufbau der Stadt im Jahrbuch 1920

85

Geldersatzschein

Rückseite

Geldersatzschein

Rückseite

Bahnhof, Vorderansicht

*Blick vom Wasserturm
auf das Bahnhofsgelände*

*Reichsbank, links,
Apollo-Lichtspiele, rechts*

Wasserturm mit katholischer Kirche

Turmstraße

Gemeindehaus der Neuapostolischen Kirche in der Turmstraße. Erbaut 1935

Goldaper Straße;
Blick vom Bahnübergang

Goldaper Straße; Ostseite

Goldaper Straße/
Ecke Jahnstraße

Blick in die Goldaper Straße vom Altstätischen Markt; links Kaufhaus Werwath, rechts Hotel Hardt

Altstätischer Markt; links neben dem Geschäftshaus der Eingang zur Kasseler Straße

Herbstjahrmarkt auf dem Altstätischen Markt

*Wochenmarkt auf
dem Altstätischen Mar.*

*Altstätischer Markt mit
Adler-Apotheke (Keil) und
Ostdeutsche Grenzboten (Klutke)*

*Häuser am Altstätischen Markt
zwischen der Adler-Apotheke
und Kaffee Stoll*

92

*Altstätischer Markt,
rechts Firma F. F. Neis,
dahinter Eingang
zur Schillerstraße*

*Cafe und Konditorei Stoll
Ecke Altstätischer Markt/Sattlerstraße*

Innenansicht

93

Kasseler Baublock; aus
Spenden der Patenstadt
Kassel erbaut

Stallupönen, Opr.
Partie Casselerstrasse.

Kasseler Straße, links
hinter dem ersten Gebäude
der Eingang zur Jahnstraße

Gaststätte
Viehhof, Ecke
Mühlenstraße/
Schmiedestraße

94

*Beamtenhäuser in der
Werwathstraße/Ecke
Schulstraße*

*Kreiskrankenhaus in
der Werwathstraße*

Feuerwehr-Depot

95

Neustätischer Markt, im Vordergrund das Ehrenmal

Kriegerdenkmal auf dem Neustätischen Markt. Am 24. Juni 1922, dem Tag der 200-Jahr-Feier der Stadt Stallupönen, erfolgte die Wiedereinweihung des Denkmals, nachdem der Sockel mit einem aufsteigenden preußischen Adler versehen worden war. Siehe auch Bild auf Seite 74

Neustätischer Markt mit evangelischer Kirche und Luisenschule (Lyzeum)

Durchgang vom Neustätischen Markt zum Kleinen Markt

Stallupönen - Pillkallerstraße

Finanzamt in der Schloßberger Straße

Katasteramt in der Schützenstraße

Kreishaus und Landratsamt in der Rathausstraße

Rathaus

Schirwindter Straße mit Wiener Café

*Schirwindter Straße;
Amtsgericht und
Gefängnis*

*Haus des Väterländischen
Frauenvereins und
Kindergarten in der
Schirwindter Straße*

100

Heinrich-Maria-Jung-Straße mit Landwirtschaftsschule, links, rechts Realgymnasium

*Staatliches
Realgymnasium*

Lyzeum

Villa Dr. Leitzbach, links davon die Stadtschule, rechts Villa Schattner

102

Ulanendenkmal im Bereich des Sportplatzes

Hindenburgdenkmal im Schützenpark

Sportplatz

103

Ehrenfriedhof

Gräber gefallener russischer Soldaten auf dem Ehrenfriedhof

Jungsches Mausoleum

Pfarrer Rogullus

Pfarrer Anton

Verabschiedung Bürgermeister Heiser im Jahr 1926

Landrat Leopold von Knobloch

Geheimer Kommerzienrat Carl Heinrich Jung,
Ehrenbürger der Stadt Stallupönen

Verleihungsurkunde, Ehrenbürgerrechte für Carl Heinrich Jung

*Kochunterricht in der
Stadtschule 1928/29*

*7. Klasse der Stadtschule
im Jahr 1935 mit Lehrer
Dahms*

*Klasse „S" der Stadtschule
1935 mit Rektor Bolz
(Klassenlehrer)*

Konfirmation am 30. März 1941 mit Pfarrer Woronowicz

Konfirmation am 2. März 1941 mit Pfarrer Oscar Anton

8. Klasse der Stadtschule; Entlassung 31. 3. 1941, Lehrer Johannes Thies

Volkstanzkreis – Adventsfeier im Jugendheim

Verein ehemaliger Frontsoldaten

Fußballmannschaft des MTV von 1862 im Jahre 1937

Vorturnerinnen des MTV

Turnfest 1931

*Sanitätskolonne der
Kreisstadt bei einer Übung
außerhalb der Stadt*

Gesangverein am 1. Mai 1934

200-Jahr-Feier der Stadt Stallupönen im Jahr 1922

Pflanzung der Jahn-Eiche am 19. August 1928; Studienrat Dr. Wolff bei der Ansprache

Radfahrerfest 1928

*Schützenfest zum Anfang
der 30er Jahre*

Letzte KPD-Versammlung im Herbst 1932

Umzug der Vereine

115

Marsch der SA durch die Goldaper Straße 1933

Postbeamte anläßlich einer Dienstversammlung

Polizeibeamte des Kreises vor dem Schützenhaus

Teilnehmer des Feuerwehrlehrgangs 1937

*Polizeibeamte der
Kreisstadt im Jahr 1934*

*Eisenbahner, Anfang der
30er Jahre*

*Eisenbahner im Jahr 1938
an der Strecke nach
Trakehnen*

*Belegschaft der Firma
Hutschenreuter*

*Lastkraftwagen der Firma
Neiss*

*Auf dem Hof der Firma
Neiss*

Ansichtskarte zum
Geschäftsjubiläum der Fa. Lackner

Belegschaft der Fa.
Lackner beim Umzug
am 1. Mai 1936

Maiumzug 1936 der
Firma Schlokat,
Gelbgießerei

120

Leopold Schlokat

Kunst - Metallgießerei und Metallwarenfabrik

Ebenrode Ostpr. (Stallupönen)

Gegründet 1888

Silberne Medaille 1911   Goldene Medaille Stallupönen 1911

Bankkonto: Volksbank Ebenrode, Kreissparkasse Ebenrode, Postscheckkonto: Königsberg (Pr) 1629 — Telegr.-Adr.: Schlokat. Ebenrode — Fernruf 404

Briefkopf der Firma Schlokat

50jähriges Betriebsjubiläum Fa. Leopold Schlokat

Betriebsausflug der Angestellten der Kreiskrankenkasse im Jahre 1936

Angehörige der Kreisverwaltung 1938 beim Betriebsausflug

Betriebsfest der Firma Wagner

Schaufrisieren zur Werbewoche des deutschen Handwerks vom 15. bis 22. Oktober 1933

Posaunenchor zum Anfang der 30er Jahre

Posaunenchor zu einem späteren Zeitpunkt

Lehrerkollegium des Realgymnasiums 1930/31

Studienrat Dr. Alfred Wolff

*Lehrerkollegium des Realgymnasiums 1935 mit
Dr. Lünsch*

Bund Königin Luise, Ortsgruppe Stallupönen; im Zuge der Gleichschaltung im Jahr 1938 aufge-löst

Tischstander der Gemeinschaft

*Soldatenheim in der
Mühlenstraße 1944*

Im Soldatenheim 1944

*Ebenrode wird
Etappenstadt – Umladung
von Versorgungsgütern*

Behelfssignalanlage zur Warnung der Bevölkerung, 1944

DRK-Gruppe Ebenrode in Eydtkau; Einsatz bei der Umsiedlung von Volksdeutschen

Cafe Stoll nach einem Luftangriff am 20./21. August 1944

Der Osten

Beilage zu den „Ostdeutsche Grenzboten."

Verantwortlich für die Schriftleitung:
Walter Czygan, Stallupönen.
Druck und Verlag:
H. Klutke, Stallupönen.

Organ für die Interessen der Ostpreußischen Grenzlandschaften.

Nr. 3.   Stallupönen, den 15. Februar 1916   **43. Jahrgang**

Die Gedenkfeier

zur Erinnerung an die Befreiung des Kreises u. der Stadt Stallupönen von der Russenherrschaft

---

Neue Stallupöner Zeitung.   Insertionsorgan amtlicher Behörden.

Stallupöner Tageblatt

Stallupöner Kreisanzeiger · Eydtkuhner Nachrichten

Tägliche Zeitung für   den Kreis Stallupönen

Erscheint täglich mit Ausnahme der Sonn- und Feiertage. Bezugspreis: Vierteljährlich 1,80 Mk. durch die Post einschließlich Bestellgeld 2,22 Mk. Gratisbeilage: „Heimatklänge".

Anzeigenpreis: Die fünfgespaltene Zeile oder deren Raum 15 Pfg. Reklamen 30 Pfg. Bei Wiederholungen Rabatt. Bei gerichtlicher Einziehung u. Konkurs kommen eingeräumte Ermäßigungen in Wegfall.

Nr. 106 Geschäftsstelle und Redaktion Stallupönen, Alter Markt.   Stallupönen, Dienstag, den 8. Mai 1917   Fernsprecher Nr. 23.   **Jahrgang 1917**

Ostdeutsche Grenzboten

Sonder-Ausgabe   zum Stadtjubiläum

Sonntag, den 25. Juni 1922.

Zur Geschichte der Stadt Stallupönen.

Ostpreußische Grenz-Zeitung

Bezugspreis: Monatlich 1,75 RM. einschließlich 25 Rpf. Botenlohn, für Selbstabholer monatlich 1,50 RM., wöchentlich 45 Rpf., durch die Post monatlich 1,50 RM. (einschl. 18 Rpf. Zeitungsgebühr) zuzüglich 30 Rpf. Bestellgeld. Bei Eintritt höherer Gewalt, Maschinenbruch usw. haben unsere Bezieher keinen Anspruch auf Lieferung der Zeitung oder Rückzahlung von Bezugsgeld. Einzeln. 10 Rpf. Unverlangte Berichte werden nicht aufbewahrt.

Druck und Verlag: „Ostpreußische Grenz-Zeitung" G. m. b. H., Schloßberg. Verlagsleitung: Erich Buchsteiner (z. Z. im Wehrdienst). I. V.: Eduard Dietsch. Hauptschriftleiter und verantwortlich für den gesamten Textteil und Bilderdienst: Paul Werbelow. Für den Anzeigenteil: Eduard Dietsch. Sämtliche in Schloßberg. — Gültige Anzeigenpreisliste Nr. 8. Drahtanschrift: Grenzzeitung Schloßberg. — Fernruf: Schloßberg 337.

24. Jahrgang   Geschäftsstelle Schloßberg Hermann-Göring-Straße 11, Ruf 91,   Sonnabend/Sonntag, den 4./5. März 1944   Geschäftsstelle Ebenrode Adolf-Hitler-Platz 17, Telefon 325   **Nummer 54**

Ansichtskarte aus der Zeit vor der Ortsnamenumbenennung

Familie Noruschat 1941 vor ihrem Wohnhaus

Erntearbeiten auf dem Hof Noruschat. Im Hintergrund der Zug von Ebenrode nach Trakehnen

Das „Teufelsmoor" bei Grünhof

Hof Gottlieb Hardt

Krähenwalde

Gut der Familie Höpfner (nach einer Zeichnung)

Teilansicht des Gutes Höpfner

Kopfweidenweg nach Wilpen. Im Hintergrund Gebäude des Gutes Höpfner

Hof Eichberger

Hof Lorch

Lehmau

Hof Labomirzki

Treffpunkt der Jugend bei der Familie Labomirzki

Pferdegespann auf dem Hof Labomirzki fertig zur Feldarbeit

Der Lehmauer Treck mußte schon frühzeitig durch die Grenznähe den Heimatort verlassen und im westlichen Teil des Kreises eine Zwischenunterkunft beziehen

Lucken

Die Rauschwe bei Klein Degesen

Klassenaufnahme aus dem Jahr 1934 mit Lehrer Karweck

Rauhdorf

Wohnhaus des Land-
wirts Kapps
Ehepaar Kapps auf dem
Weg zur Kreisstadt. Ma-
thes Kapps 1945 auf der
Flucht von russischen
Soldaten erschossen,
Martha Kapps 1946 im
Kreis Ebenrode in rus-
sischer Gefangenschaft
verhungert

Rauschendorf

Schule des Ortes

Weg am Friedhof zum Paballer Wäldchen

Landwirt Schneider mit seiner Trakehner Stute „Antwort"

Ansichtskarte vom 13. August 1914

Gutshaus Schweighöfer; Aufnahme aus dem Jahr 1928

Rindviehstall des Gutes

Scheune und Speicher

Ehepaar Schweighöfer im Jahr 1934

Stadtfelde

Partie aus Lawischkehmen

Badeanstalt

*Ansichtskarte aus der Zeit vor der
Ortsnamenänderung*

Gartenlokal Peters

141

Gasthaus Brandtner

Wohnhaus des Bürgermeisters von Stadtfelde und Standesbeamten des Amtsbezirks Rohren, Josef Brandtstädter

Giebel des Hauses Brandtstädter, links dahinter die Schule,
rechts das Haus Lepenis mit der
Wohnung des Gendarmerie-
Meisters Jonat

Straße in Richtung Ebenrode

Wohnhaus Kohlmeyer, rechts das
„Spritzenhaus"

143

Landwirtschaftlicher Betrieb Schweighöfer

Badeanstalt; ein beliebter Tummelplatz auch für die Ebenroder Jugend

Wagonen

Wohnhaus Kurt Klewer. Nach der Zerstörung im Ersten Weltkrieg durch russische Truppen im Jahr 1919 mit finanziellen Mitteln der Patenstadt Kassel wieder aufgebaut

Sonderausgabe

Ebenroder Kreisblatt

Erscheint zweimal wöchentlich
Herausgegeben vom Landrat in Ebenrode.

Bezugspreis: Monatlich 0,50 Reichsmark
bei sämtl. Postanstalten und in der Geschäftsstelle

| Nr. 42 | Ebenrode, Freitag, den 10. Juni | 1938 |

Betrifft: Änderung von Gemeindenamen und Gemeindeteilnamen.

Entscheidung des Oberpräsidenten.

Gemäß §§ 15 und 117 Abs. 3 der D. G. O. vom 30. Januar 1935 — R. R. Bl. I S. 49 — werden mit Wirkung vom 3. Juni 1938 folgende Änderungen von Gemeindenamen und Gemeindeteilnamen in Kraft gesetzt:

Kreis Ebenrode (Kreis Stallupönen)

Ostdeutsche Grenzboten

Stallupöner Zeitung ～ Amtliches Anzeigeblatt ～ Eydtkuhner Zeitung

Erscheinen wöchentlich sechs mal. Bezugspreis für Stallupönen und Eydtkuhnen von der Geschäftsstelle und den Ausgabestellen abgeholt 1,70 R.M.
ns Haus gebracht 1,80 R.M. monatlich. Beim Postamt oder Briefträger
monatlich 1,80 R.M. ausschl. Zustellungsgebühr. Einzelnummer 10 Rpf
Verlag und Geschäftsstelle: H. Klutke, Stallupönen, Adolf Hitlerplatz 10
Fernsprecher Stallupönen Nr. 528.

Einzige
im Kreise Stallupönen
erscheinende Tageszeitung

Anzeigenpreise in R.M.: Ein mm-Raum im Anzeigenteil (46 mm breit)
kostet 6 Pf., bei Textanzeigen (90 mm breit) 20 Pf. Auslandsanzeigen
bedingen Preisaufschlag. Preisermäßigung nach Preisliste. Nachlässe
für vorzeitige Zahlung gemäß Preisliste. Höhere Gewalt entbindet
von jeder Verpflichtung. Zahlungs- und Erfüllungsort Stallupönen.
Postscheckkonto Königsberg Nr. 564.

| Nr. 113 | Stallupönen, Montag, den 16. Mai 1938 | 65. Jahrgang |

Heimatbilder

Beilage der Ostdeutschen Grenzboten

| Nr. 13 | Stallupönen, den 3. April 1937. | 10. Jahrgang |

Pfarrer Pilzecker hält seinen Abschiedsgottesdienst

34 Jahre war er im Kreise Stallupönen tätig.

Mein Heimatland

Sie sagen all', du bist nicht schön,
Mein trautes Heimatland,
Du trägst nicht stolze Bergeshöh'n
Nicht rebengrün Gewand;
In deinen Lüften rauscht kein Aar,
Es grüßt kein Palmenbaum,
Doch glänzt der Vorzeit Träne klar
An deiner Küste Saum.

Und gibst dem König auch kein Erz,
Nicht Purpur, Diamant,
Klopft in dir doch das treueste Herz
fürs heil'ge Vaterland.
Zum Kampfe lieferst du das Roß,
Wohl Tonnen Goldes wert,
Und Männer, stark zum Schlachtentroß,
die kräft'ge Faust zum Schwert.

Und wenn ich träumend dann durchgeh'
Die düst're Tannennacht,
Und hoch die mächt'gen Eichen seh'
In königlicher Pracht,

Wenn rings erschallt am Memelstrand
Der Nachtigallen Lied,
Und ob dem fernen Dünensand
Die weiße Möwe zieht:

Dann überkommt mich solche Lust,
Daß ich's nicht sagen kann,
Ich sing ein Lied aus voller Brust
Schlag froh die Saiten an.
Und trägst du auch nur schlicht Gewand
Und keine stolzen Höh'n,
Ostpreußen, hoch! mein Heimatland,
Wie bist du wunderschön!

Johanna Ambrosius
1854-1939

Kirchspiel Eydtkau (Eydtkuhnen)

Evangelische Kirche
Das Kirchspiel Eydtkau (Eydtkuhnen) gehörte wie Kassuben mit zu den jüngsten im Kreisgebiet. Ursprünglich gehörte das Dorf Eydtkuhnen zum Kirchspiel Bilderweitschen (Bilderweiten) und vor dessen Gründung zum Kirchspiel Stallupönen (Ebenrode). Die Gründung des Kirchspiels Eydtkuhnen erfolgte am 10. Oktober 1876. Die ersten Gottesdienste im Ort wurden im Empfangsgebäude der königlichen Ostbahn, später in der Schule durchgeführt. Die Kirche wurde in den Jahren 1887 bis 1889 erbaut. Die Einweihung fand am 10. November 1889 statt.

Zum Kirchspiel Eydtkau (Eydtkuhnen) gehörten 11 Orte (politische Gemeinden und 1 Ortsteil mit 6031 Einwohnern (E = Einwohnerzahl am 17. Mai 1939).

Absteinen, E.: 147.
Eydtkau (Eydtkuhnen), Stadt, E.: 4922.
Grenzkrug (Lengwehnen), E.: 55.
Kinderhausen (Kinderweitschen), E.: 208.
Narwickau (Kryszullen, ab 17. 9. 1936 Kryschullen), E.: 145.
Nickelsfelde (Nickelnischken), E.: 102.
Romeiken (Romeyken), E.: 149.
Schleuwen, E.: 54.
Seebach (Ostpr.) (Eszerkehmen, ab 17. 9. 1936 Escherkehmen), E.: 114.
Sinnhöfen (Jodringkehmen), E.: 101.
Stärken, E.: 34.
Zum Kirchspiel Eydtkau (Eydtkuhnen) gehörte auch der Ortsteil Kleinplaten (Klein Schilleningken) von der Gemeinde Platen (Plathen), Kirchspiel Schloß-bach (Pillupönen).

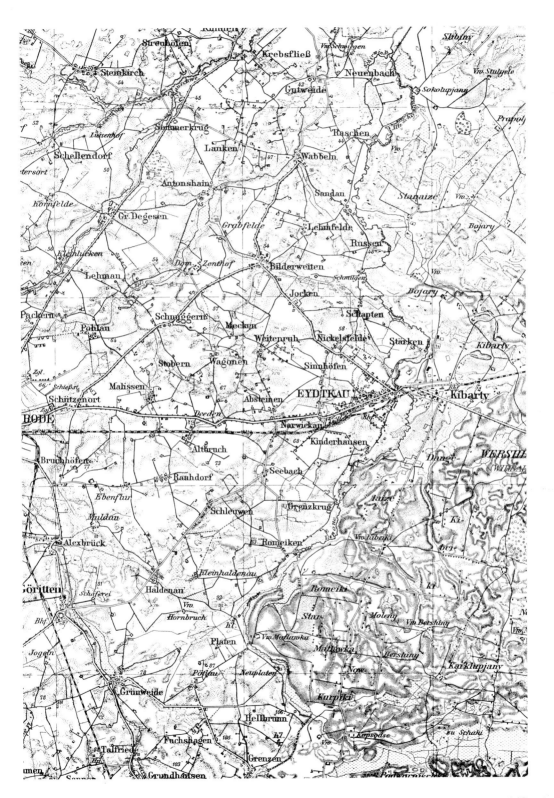

149

Kartengruß vom 12. Juli 1898

Marktplatz vor 1914

150

Die zerstörte Stadt; Blick vom Kirchturm

Der zerstörte Bahnhof

Brauerei

151

Angehörige der Gemeindeverwaltung 1916

Beamte des Hauptzollamtes Eydtkau, Juni 1939

Grenzübergang, links deutsches Zollhaus, rechts litauisches Zollhaus

Grenzübergang; Übernahme einer Gänselieferung

Straßenschilder vor dem deutschen Zollhaus

Einweihung des Denkmals auf dem neuen Friedhof der Stadt zu Ehren der gefallenen deutschen und russischen Soldaten im Ersten Weltkrieg

Gedenkstätte am Eingang des neuen Friedhofs

*Evangelische Kirche,
Haupteingang, rechts
Pfarrhaus*

Kinderspielplatz bei der Kirche

Nr. 48 | Sonntagsgruß der Kirchengemeinde Eydtkuhnen | 1. Dez. 1929

Kopf der Zeitung der evangelischen Kirchengemeinde

Altar der evangelischen Kirche

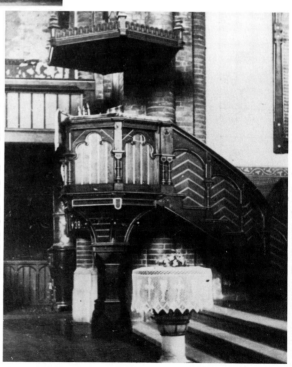

Kanzel der evangelischen Kirche

Gedenktafel in der evangelischen Kirche

Pfarrer Lechner

Posaunenchor der evangelischen Kirchengemeinde, 1922

Evangelischer Kindergarten, 1927

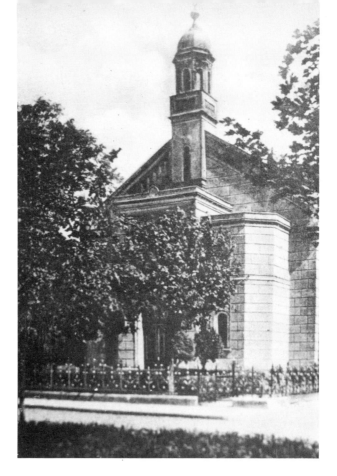

Haus der Christlichen Gemeinschaft

Gemeindesaal der Christlichen Gemeinschaft

„Sonntagsschule" der Landeskirchlichen Gemeinschaft im Jahr 1929

Blick auf die Stadt vom Kirchturm

Vorbereitung zum Empfang der „Heimkehrer" aus Litauen; Aufgenommen von der Grenze Richtung Marktplatz

Geschäftshaus Samland am Markt, links Eingang zur Hindenburgstraße, rechts Kantstraße

Geschäft am Markt

Von der Hindenburgstraße Blick auf den Marktplatz

Hauseingang Gudladt,
Hansastraße

Rathaus Ecke Herzog-Albrecht-Straße/Kirchstraße

Teilabschnitt der Hindenburgstraße

Hotel Russischer Hof, Hindenburgstraße/Ecke Bahnhofstraße

Hindenburgstraße, Teilansicht, in der Mitte Spedition Carl Deyke

Geschäftshaus Becker in der Hindenburgstraße

Wagners Hotel in der Hindenburgstraße

Hindenburgstraße 35–41

Haus Buettler, Hindenburgstraße 8

Haus Bongarts, Hindenburgstraße 6

Brauereistraße vom Marktplatz aus gesehen

Eingang zum Hindenburgpark

Badeanstalt an der Lepone

Postamt in der Bahnhofstraße

Postbeamte vor dem Haupteingang des Dienstgebäudes

Paketzustelldienst der Deutschen Reichspost

Bahnbrücke über die Lepone; Aufnahme aus der Zeit vor dem Ersten Weltkrieg

Bahnhof

Schrankenwärterhaus an der
Straße nach Kinderhausen

Fahrstreckenanzeiger
Eydtkuhnen–Berlin

Fahrkarten der
Deutschen
Reichsbahn

Viehverladebahnhof; Aufnahmen aus der Zeit nach dem Ersten Weltkrieg

Verladung von litauischen Gänsen zum Transport ins „Reich"

Teilansicht der Eisenbahnkolonie in der Wiesenstraße

Elementarschule in der Hindenburgstraße; wurde im Ersten Weltkrieg zerstört

Bismarckschule, Ecke Hindenburgstraße/Ziegelstraße

Teil des Lehrerkollegiums der Bismarckschule

Klassenaufnahme aus dem Jahr 1932 mit dem Leiter der Bismarckschule Dr. Jordan

Schüler der Bismarckschule mit Lehrer Didzun; Abgangsklasse 1943

Volksschule in der Wiesenstraße

Turnhalle

2. Schuljahr der Volksschule mit Klassenlehrer Seidler, 1938

7./8. Schuljahr der Volksschule mit Lehrerin Frau Kreth

Entlassungsjahrgang 1936 der Volksschule

Männergesangverein von 1887; Aufnahme aus dem Jahr 1922

Jungstahlhelm Eydtkuhnen

Spielmannszug des Jungstahlhelms

Bund Königin Luise

Kinder des Kindergartens Wiesenstraße – Spiel vor dem Frühstück

*Kindergärtnerinnen mit
Kindergruppe im Spielgarten –
Kindergarten Wiesenstraße*

Fußballmannschaft des Sportvereins Eydtkuhnen mit einer Mannschaft der Spielvereinigung Sweika, Kibarty (Litauen) während der Grünen Woche am 1. April 1930

Damengruppe des Sportvereins

Freiwillige Feuerwehr 1937

*Winterfreuden
auf der Eisbahn
an der Lepone,
1938/39*

Haus Bongarts, Brunnenstraße 3

Volksdeutsche aus Litauen treffen im März 1941 an der Grenze ein

Erste Erfrischung am Grenzübergang

Soldaten 1941 beim Marsch durch die Stadt

Fronturlauber vor der Ausgabestelle für Geschenkpakete, 1942

*Ortsansicht Grenzkrug; von links Friedhof, Gastwirtschaft König, Deputantenhaus Wiemer,
Hof Wiemer, Hof Paulukat, Hof Starrat*

*Roggenernte,
bei Starrat*

Hof Wiemer

An der Grenze; im Hintergrund russische Kaserne in Kibarty

Einfahrt zum Hof Oskar Vetter

Schwarzbuntes Vieh vor dem Hof Vetter

Kaffeepause während der Ernte bei Max Klotzbücher

Nachbarn des Ortes nach der Reichspräsidentenwahl 1932

194

Gruppenaufnahme vor dem Rangierberg 1935

Geschäftshaus

Teilansicht
Gruß aus **Nickelnischken**

*Ansichtskarte
aus der Zeit vor 1938*

Romeiken

Dorfstraße

Zöllner-Wohnhaus

Klassenaufnahme aus dem Jahr 1929

Mühle Johann Müller

Fertig zur Ausfahrt! Familie Heft 1935

Seebach

Dorfjugend am See 1932

Schüler der einklassigen Volksschule im Jahr 1931

Hof der Familie Karl Matthies

Sonntagsstimmung bei der Familie Matthies 1933

Günther Matthies mit einem Trakehner

Treckereinsatz auf dem Hof Matthies

Schießübungen hinter der Scheune von Karl Matthies – am linken Bildrand die Friedhofshalle von Eydtkau

Kirchspiel Göritten

Kirche Göritten. Der erste Gottesdienst am 25. Juni 1725 fällt in etwa mit der Gründung des Kirchspiels Göritten zusammen, die in engem Zusammenhang mit der für 1724 überlieferten Einwanderung deutscher Kolonisten aus Nassau, der Pfalz und aus Württemberg steht. Die neuerbaute Kirche war in erster Linie für die reformierten Nassauer und Pfälzer gedacht, deren Siedlungen sich um Göritten konzentrierten.
Während der Kämpfe gegen die in Ostpreußen 1914 eingedrungenen Russen wurde die Göritter Kirche zerstört. Am 2. Juli 1923 begann der Wiederaufbau, und am 25. Juni 1925 konnte der erste Gottesdienst in der neuen Kirche durchgeführt werden. Im Zweiten Weltkrieg wurde sie stark beschädigt und dient nach neuesten Informationen als Lagerraum für Getreide.

Zum Kirchspiel Göritten gehörten 10 Orte (politische Gemeinden) und 11 Ortsteile mit 2222 Einwohnern (E = Einwohnerzahl am 17. Mai 1939).

Alexbrück (Alexkehmen), E.: 367.
Berningen (Berninglauken), E.: 120.
Göritten mit Gut Göritten, Jogeln, Junkerwald und Schäferei, E.: 467.
Grünweide (Kr. Ebenrode) (Dopönen) mit Kleingrünweide, E.: 300.
Haldenau (Ostpr.) (Kallweitschen) mit Domäne Hornbruch und Kleinhaldenau (Williothen), E.: 235.
Lengfriede (Skrudszen, ab 17. 9. 1936 Skrudschen), E.: 191.
Scharfeneck mit Kisseln, Oblau (Oblauken), und Reckeln, E.: 271.
Talfriede (Rudszen, ab 17. 9. 1936 Rudschen), E. 73.
Ulmenau (Ostpr.) (Puplauken), E.: 42.
Wickenfeld (Wicknaweitschen), E.: 156.
Zum Kirchspiel Göritten gehörte auch der Ortsteil Muldau (Dozuhnen) von der Gemeinde Bruchhöfen, Kirchspiel Ebenrode (Stallupönen).

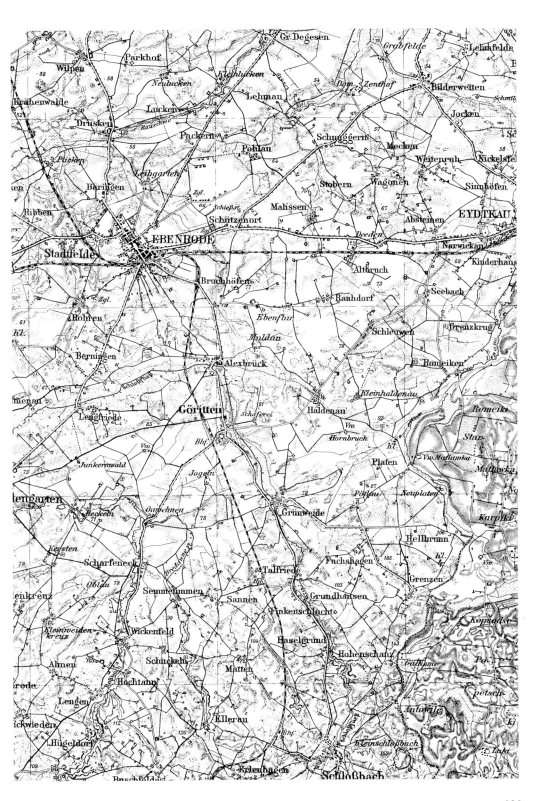

Alexbrück

Gasthaus Fritz Reinhardt

Wohnhaus de la Chaux

In der Webstube

Beim Drillen

Fritz Dammin auf
„Depeschenträger"
(doppelter Sieg beim
Reit- und Fahrturnier
in Insterburg)

Landwirtschaftlicher Betrieb
Fritz Dammin

Das deutsche
Edelschwein im
Auslauf

Sonntagsspaziergang

206

Im Geflügelhof des
Landwirts Meyhöfer

Landwirtschaftlicher Betrieb Emil Langbrandtner

Göritten

Seitenansicht evangelische
Kirche

207

*Blick auf die
Kircheneingangstür*

Innenansicht

Blick zum Altar

Ehrenmal und Kirche

Gedenktafel

Ruhestätte für 256 im Ersten Weltkrieg gefallene deutsche und 600 russische Soldaten

209

Schulhaus 1938, geschmückt zur 200-Jahr-Feier

Gemeindehaus – Aufnahme aus dem Jahr 1930

Restaurant mit Ausflugsgarten, Inh. Fritz Scheidereiter

Dorfansicht mit Poststelle, Drogerie und Gastwirtschaft

Dorfansicht – Straßenkreuzung

Domäne Junkerwald, Pächter Otto Schulz

Dorfstraße – links das sogenannte Armenhaus

Dorfansicht

Kleefeld – Gelände Domäne Junkerwald an der Grenze zwischen Göritten und Scharfeneck

Bund Königin Luise – Gruppe Göritten im März 1934

Jugend der Kirche Göritten mit ihrem Pfarrer Franz Moderegger (etwa 1930)

Hochzeit Kreutz – Scheidereiter am 10. März 1933

Reiterverein Göritten – Festzug des Artillerievereins in der Kreisstadt

Reiterverein am 28. Juli 1929

Grünweide

*Wohnhaus
Skibbe, 1917
erbaut –
Hofseite*

Gartenseite

*Landwirtschaft-
licher Betrieb
Skibbe – 92 ha
– ein Teil der
Wirtschafts-
gebäude*

Auf dem Hof Skibbe wurde bis in die 30er Jahre mit der Lokomobile gedroschen, gehäckselt und Schrot gemahlen

Insthäuser zum Betrieb Skibbe

Tanzgruppe auf einem Fest des Vaterländischen Frauenvereins – etwa 1934

„Krawuhl" – Gemeindeversammlung in der Gastwirtschaft Oppermann

Wohnhaus Lisdat

Landwirt Ludwig Kniest bei der Roggenernte mit dem Ableger. Im Hintergrund die Chaussee Haldenau/Schleuwen

Lengfriede

Wohnhaus des Landwirtes
Max Hofer

Windmühle Hofer – in den 20er Jahren
stillgelegt

Hof
Wunderlich

220

Wohnhaus Buttgereit

Landwirtschaftlicher Betrieb Kniest

Das dazugehörige Deputantenhaus

*Betrieb des
Landwirts Ruibat –
Familie seit dem
Anfang des
18. Jahrhunderts
ansässig*

*Gasthaus
Bischof*

*Gasthaus Simmat
„Zum Böhmerwald"*

Schulgebäude

*Heldenfriedhof –
Ruhestätte für 30
gefallene deutsche
Soldaten aus dem
Ersten Weltkrieg*

*Wohnhaus
Ulleweit*

Hofansicht Ulleweit – Aufnahme vom Oktober 1944

Bauernhof Reitz

Dorfansicht mit Insthaus Poweleit und früherer Schmiede

Kirchspiel Kassuben

Kirche und Pfarrhaus

Das Kirchspiel Kassuben, 1895 begründet, gehörte zu den jüngsten Kirchspielen des Kreises. Zur Bildung wurden Ortschaften aus den Kirchspielen Pillupönen (Schloßbach) und Mehlkehmen (Birkenmühle) dem neuen Kirchspiel Kassuben zugeordnet.

Die Kirche ist eine der zehn ostpreußischen Jubiläumskirchen, deren Bau aus Anlaß des 200jährigen Bestehens des Königreiches Preußen 1901 beschlossen wurde. Kirche und Pfarrhaus von Kassuben wurden 1907 erbaut und 1908 eingeweiht (Grundsteinlegung am 14. Juni 1907, Einweihung am 24. September 1909).

Pfarramtlich war auch der Seelsorgebezirk Soginten, wo seit 1772 eine Kirche stand, mit Kassuben verbunden. Die erste Kirche wurde 1846 abgebrochen. Die Einweihung der neuen Kirche fand am 29. Juni 1901 statt. (Dr. Grenz 1969)

Zum Kirchspiel Kassuben gehörten 16 Orte (politische Gemeinden) und 5 Ortsteile mit 1899 Einwohnern (E = Einwohnerzahl am 17. Mai 1939).

Almen (Antsodehnen), E.: 83.
Andersgrund (Anderskehmen), E.: 95.
Disselberg (Disselwethen) mit Augusten, E.: 112.
Hohenfried (Kupsten) mit Schöppendorf (Scheppetschen), E.: 166.
Hügeldorf (Karklienen), E.: 77.
Kassuben mit Paadern und Swainen, E.: 243.
Kickwieden, E.: 145.
Kinderfelde (Kinderlauken), E.: 55.
Kischken, E.: 118.
Klimmen (Bugdszen, ab 17. 9. 1936 Bugdschen) mit Heygerei, E.: 114.
Leegen, E.: 81.
Lengen (Groß Lengmeschken), E.: 96.
Soginten, E.: 93.
Tannenmühl (Egglenischken), E.: 224.
Windberge (Ostpr.) (Baubeln), E.: 133.
Wohren, E.: 64.

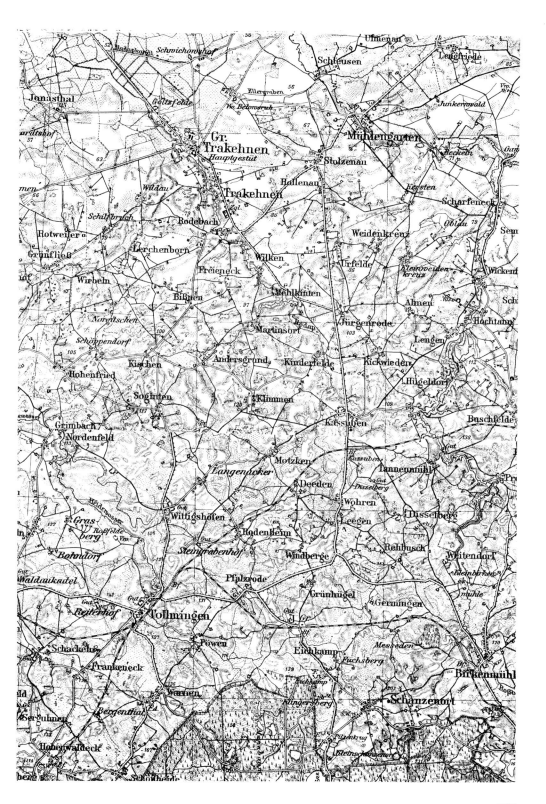

227

Almen

Wohnhaus Fuchs;
erbaut im Jahr 1865

Heuernte
beim Landwirt Fuchs, 1938

Mathes Fuchs mit seinem „Wanderer", 1938

Landwirt Fuchs (55 ha)
bei der Ernte

Gutshaus Burchard von der Gartenseite

Wirtschaftsgebäude des Gutes (415 ha)

Gutsgärtnerei

Blick vom Horeb auf den „Schwarzen Wald"

Bestellungsarbeiten – Gut Burchard – am „Schwarzen Wald"

Jungviehherde des Gutes Burchard

Hohenfried

Links Friedhof, rechts „Loshaus" Schukat

Wohnhaus Perrey

Wohnhaus Otto Hennemann

232

Hochzeit Klarhöfer/Attrot

Hügeldorf

Wohnhaus Hartmann, Landwirt und Briefträger

Auf dem Bauernhof Guttmann

Ehepaar Guttmann bei der Roggenernte

234

Gutshaus Moeller, Gartenseite

Einfahrt zum Gutshof Moeller

Viererzug des Gutes Moeller; Fahrer Jutkuhn und Pferdewärter Krupkat

Dorfansicht

Geschäftshaus Noreikat

236

Ansichtskarte aus der Zeit des Ersten Weltkrieges

Heldenfriedhof

237

Schüler des Ortes; Aufnahme aus dem Jahr 1939; links Lehrer Günther Frost, rechts Lehrer Schwanke

Pissaschleuse

Gemeinschaftsarbeit beim Bau der Badeanstalt

Hof Urbat

*Wohnhaus Polenz,
früher Bernhard*

Hof Polenz, früher Bernhard

239

Kieckwieden

sthaus Karl Freutel   Gartenansicht

Ansichtskarte aus der Zeit vor dem Ersten Weltkrieg

Hof Fuchs

*Wohnhaus
Baltruschat*

*Bauernhof
Schmidt*

Wohnhaus Schmidt

241

Kischken

Gasthaus und Kolonialwaren, Landwirtschaft Gustav Mauer

Gartenseite

*Wohnhaus
des Landwirts
Hermann Conrad
(74 ha)*

*Neubau des
Wohnhauses 1920*

Straßenbau

243

Klimmen

Schulgebäude, davor Schüler, Aufnahme aus dem Jahr 1939

Schulklasse 1939 mit Lehrer Franz Grau

Silberhochzeit Ehepaar Kühn

Gartenseite des Hauses Achenbach-Witlandt

Leegen

Familie Otto Breslein vor dem Wohnhaus 1929

Schulklasse 1934, Lehrer Fritz Dorrong

Lengen

Ansichtskarte

Schulklasse 1943/44 mit Lehrerin Ingeborg Schnell aus Berlin

Alte Schule, rechts Friedhof

Links Insthaus Schachtner, rechts neue Schule

Hof Schachtner/Fuchs

Hof Walter Justus

Hof Otto Szogas

Gasthaus Gustav Werner

Gemischter Chor, Oktober 1930, Chorleiter Lehrer Willi Hoffmann

Soginten

Gruß aus Soginten

Dorfpartie

Klassenaufnahme von 1938 mit Lehrer Klöß

Dorfansichten

Einfahrt zum Gutshaus Schaudin-Schweighöfer

Gartenansicht

Blick auf den Gutshof
Schaudin-Schweighöfer

Speicher und Mühle

Mühlenwehr

254

Hof Podßuweit

Klassenaufnahme aus dem Jahr 1937

Wohren

Hof Emil Kummetat

Kirchspiel Kattenau

Kirche-Kattenau

Evangelische Kirche
Das Kirchspiel Kattenau war nach Pillupönen (Schloßbach) das zweitälteste im Kreisgebiet. Es wurde im Jahr 1560 gegründet.
Die erste evangelische Kirche soll nach A. Boetticher vor 1589 erbaut worden sein. Die Erbauung der zweiten erfolgte 1755, die 1805 abbrannte. Die letzte wurde 1811 fertiggestellt; sie umfaßte 1400 Sitz- und Stehplätze. An der linken Empore befanden sich die Gedenktafeln für die Gefallenen der Kriege 1864, 1866, 1870/71, links unten im Kirchenschiff waren große Gedenktafeln für die Gefallenen des Ersten Weltkrieges angebracht. Neben dem Mitteleingang stand das Ehrenmal. Die vom letzten Pfarrer Klaus Wegner gerettete Kirchenchronik mußte in Magdeburg abgegeben werden.

Zum Kirchspiel Kattenau gehörten 24 Orte (politische Gemeinden) und 7 Ortsteile mit 4989 Einwohnern (E = Einwohnerzahl am 17. Mai 1939).

Altenfließ (Ostpr.) (Noruszuppen, ab 17. 9. 1936 Noruschuppen), E.: 68.
Bersbrüden, E.: 181.
Brandrode (Schirmeyen), E.: 38.
Burgkampen (Jentkutkampen) mit Gut Amalienau, E.: 541.
Dräwen (Dräweningken) mit Kleindräwen (Degimmen), E.: 114.
Eichhagen (Ostpr.) (Schwirgallen), E.: 339.
Eimental (Eymenischken), E.: 83.
Heimfelde (Schillgallen), E.: 187.
Kattenau mit Michelsdorf (Mikuthelen), E.: 696.
Kummeln, E.: 176.
Mildenheim (Romanuppen), E.: 69.
Neu Trakehnen (Alt Kattenau) mit Altpreußenfelde (Alt Budupönen), Neu Katte-
    nau und Neupreußenfelde (Neu Budupönen), E.: 801.
Quellbruch (Kiaulacken), E.: 98.
Raineck (Uszdeggen, ab 17. 9. 1936 Uschdeggen), E.: 133.
Randau (Ostpr.) (Schockwethen), E.: 91.
Schwanen (Schwentakehmen), E.: 29.
Seehausen mit Patlau (Ipatlauken), E.: 141.
Seekampen, E.: 178.
Sonnenmoor (Kiddeln) mit Krausen, E.: 182.
Ströhlen (Ströhlkehmen), E.: 60.
Teichacker (Walleykehmen), E.: 139.
Tutschen, E.: 471.
Willdorf (Willkinnen), E.: 60.
Wittkampen, E.: 114.
Von der Gemeinde Sonnenmoor (Kiddeln) gehörte der Ortsteil Krausen zum Kirchspiel Ebenrode (Stallupönen).

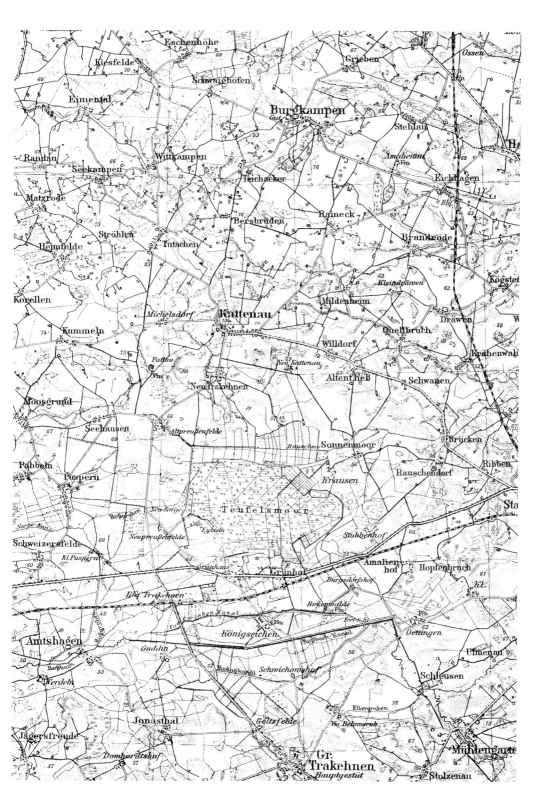

Bersbrüden

Dorfteich, im Hintergrund Haus von Bubat

Hof Heinrich Theophil

Ernte bei Heinrich Theophil mit „Ableger"

Blick auf den Hof Ernst Hammer

Roggenernte bei Max Paleit

Burgkampen

Gasthaus R. Pflaumbaum

Schule

Gruß aus Jentkutkampen

Herrenhaus

Dorfstraße

*Ansichtskarte aus der Zeit
nach 1938; oben Gasthaus
Jakobowski, rechts unten
Schulgebäude, links unten
Bahnhof Eichhagen*

Gruß aus Burgkampen, Krs. Ebenrode, Ostpr.

*Polizeistation
– zwei Posten –
an der Straße
nach Stehlau*

Früheres Gutshaus,
von 1942–1944 RAD-Lager
– weibliche Jugend – 2/11

Landwirtschaftlicher Betrieb Fritz Pflaumbaum; aufgenommen ca. 1938/39 aus Richtung Eichha-
gen. Bauform: Offenes Viereck in regelmäßiger Anordnung. Typisch für die Hofform im Regie-
rungsbezirk Gumbinnen

Feuerwehr des Ortes bei einer Übung mit der Jugendwehr 1942

Schüler der mehrklassigen Schule; links Lehrer Hans-Jochen Behn (gefallen 1944 in Rumänien), rechts Lehrer Franz Ellmer, dahinter Lehrer Franz Römer

*Lehrerehepaar
Reschat
(Aufnahme aus der
Zeit nach dem
Zweiten Weltkrieg)*

Teilnehmer am Kochlehrgang 1940/41

Dräwen

Gustav Schwandt auf
„Ben Hur". 1927 Sieger
in der Pardubitzer
Steeple Chase, dem
schwersten Rennen des
Kontinents

Otto Heyser mit seiner
Mutterstute „Anmut"
Er war einer der
bedeutensten
Pferdezüchter
des Kreises

Otto Heyser im Einspänner bei seinen Zuchtstuten

Der anerkannte Pferdezüchter Otto Heyser, Degimmen, vor seinem Wohnhaus (Degimmen wurde 1938 in Kleindräwen umbenannt)

Georg Heyser mit „Haudegen" beim Turnier in Insterburg-Lenkeningken

Ansichtskarte aus der Zeit nach 1938

Bahnhof, Ostseite; 1892 in Betrieb genommen. Aufnahme aus dem Jahr 1937

267

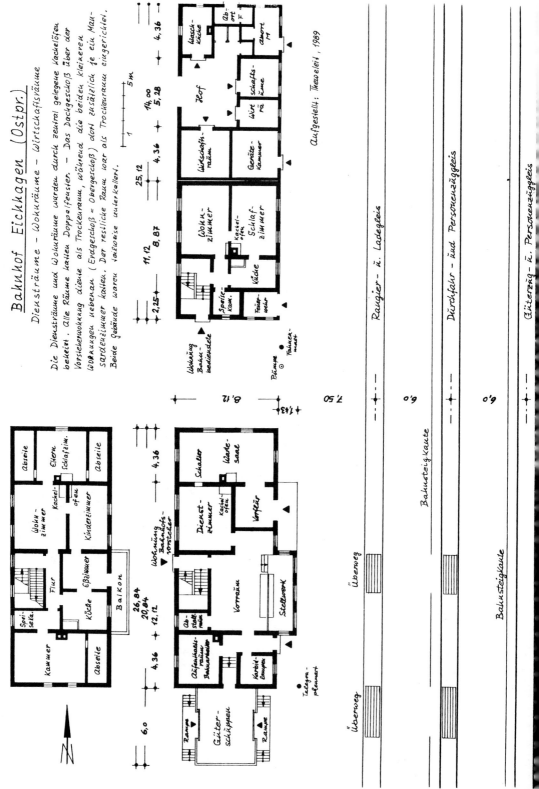

Bahnhof Eichhagen (Ostpr.)

Diensträume – Wohnräume – Wirtschaftsräume

Die Diensträume und Wohnräume wurden durch zentral gelegene Kachelöfen
beheizt. Alle Räume hatten Doppelfenster. – Das Dachgeschoß über der
Vorsteherwohnung diente als Trockenraum, während die beiden kleineren
Wohnungen nebenan (Erdgeschoß = Obergeschoß) dort zusätzlich je ein Man-
sardenzimmer hatten. Der restliche Raum war als Trockenraum eingerichtet.
Beide Gebäude waren teilweise unterkellert.

Aufgestellt: Theweleit, 1989

268

Bahnhofsvorsteher
Reichsbahninspektor Bruno Theweleit

Dampfziegelei; Eigentümer Hans Rohrmoser

Belegschaft der Dampfziegelei im Jahr 1924

Klassenaufnahme aus dem Jahr 1934; rechts Lehrer Hermann Pliquet

Ortsteil Amalienau,
Gutshaus,
Eigentum der Familie
v. Lenski, Kattenau
(250 ha)

Gutshaus, Gartenseite

Auffahrt zum Gut

*Teilansicht der
Wirtschaftsgebäude*

*Zweijährige
im Auslauf*

*Gute
Nachkommen
des bewährten
„Adamas ox",
der in Kattenau
auf der
Hengststation
stand*

Hofansicht Schreiber

*Geschwister Schreiber
im elterlichen Garten*

Familie Schreiber bei der Ausfahrt zwei Tage vor der Flucht

Heimfelde

Schule

Kattenau

Kolonialwaren Fritz Fischer

Kirche

Dorfpartie

Gasthaus von Otto Fritz

Aussichtsturm

ss aus Kattenau, Ostpr.

Dorfstrasse

Ansichtskarte aus der Zeit um das
Jahr 1900. Der hölzerne
Vermessungsturm auf dem „Hohen.
Berg" brach in einer Sturmnacht
im September 1913 zusammen

Gasthaus Schneider.

Kirche.

Gruss aus Kattenau.

Ansichtskarte aus der Zeit um 1900

Dorfansicht nach Westen, ca. 1930

Dorfansicht nach Osten, ca. 1930

Die beliebte Badestelle „Padugnis"

Kirche – Innenansicht

Kriegerdenkmal 1914/18,
Einweihung am 5. Dezember 1938

Die neue Volksschule, erbaut 1929

Lehrer- und Präzentorhaus

Landmaschinen-Reparaturwerkstatt und Schmiede Albert Boehnke, erbaut 1909/10

Wohnhaus Boehnke, Anbau erfolgte 1935/36

Windmotor – zum Mühlenantrieb –
Albert Boehnke,
galt als Wahrzeichen
von Kattenau, erbaut 1918

279

Gutshaus v. Lenski von der Gartenseite

Teilansicht Gutshof v. Lenski mit Kartoffelbrennerei, Speicher und Fohlenstall

Gutshof
v. Lenski mit
Fohlen
im Auslauf

Getreideernte und Drusch vom Fuder

Paul v. Lenski auf seinem Gutshof

Fleischerei Fritz Ernst

Imkerei Franz und Martha Ernst

Wohnhaus Mathiszig, Gartenseite, landwirtschaftlicher Betrieb, 34,50 ha

Scheunenneubau bei Richard Brandtstäter 1937 – typische Stülpschalung für Scheunenbauten –

Hof Franz Bacher im Jahr 1930

Gruppenaufnahme der Freiwilligen Feuerwehr 1928

Reiterverein Kattenau anläßlich der Parade in Göritten 1923. Auf dem Schimmel der Vorsitzende des Reitervereins Göritten, Feyerabend

Kattenauer Reiterverein gewinnt 1930 in Königsberg die Standarte des Landesreiterverbandes Ostpreußen. Siegermannschaft: v. l. Gustav Schwandt auf „Ben Hur", Georg Heyser auf „Corea", Walter Staff auf „Plattform", Fritz Lackner auf „Kalmus". Links Erich Rohrmoser, 1. Vorsitzender, rechts Hirth, Reitlehrer

Vaterländischer Frauenverein 1937; in der Mitte mit Blumenstrauß die Vorsitzende, Frau Anna v. Lenski, links daneben Frau Martha Heyser, Tutschen

Ausflug einer Frauengruppe unter der Leitung der Gemeindeschwester, Frau Ida Riegel

*Klassenaufnahme,
Kl. II, 1934,
mit Präzentor
Hoffmann und
Lehrer Lönser*

*Konfirmation
im März 1940
mit Pfarrer Wegner*

*Hochzeit
im Mai 1934 –
Erna Ernst und
Hans Davideit*

Erntefestumzug 1938;
Festwagen der
Handwerksbetriebe

Kummeln

Ortseingang mit Hof Rammoser

Wohnhaus Rammoser

Wohnhaus Bärfaker

Auf dem Hof Bärfaker

Neu Trakehnen

*Straße zum Vorwerk
Neu Kattenau*

*Schule
Neupreußenfelde*

*Klassenaufnahme 1929, Schule Neupreußenfelde mit Lehrer Otto Steiner; von 1914
bis 1944 dort eingesetzt*

Quellbruch

*Wohnhaus
Engelhardt (1931)*

Raineck

Hof Bichbäumer

Seehausen

Bauernfamilie
Balschukat
bei der Ernte

Im Hintergrund
der „Seeberg"

Der
Seehausener See

Tutschen

Wegweiser an der Straße
zwischen Kattenau und Bersbrüden

Ortseingang aus Richtung Kattenau

Ortseingang aus Richtung Burgkampen

Windmühle Thierfeld (1935)

Wohnhaus Ziehe

„Kleinmittag"
bei der Kornaust Ziehe

Junghennenwagen
auf der Weide,
Leghornzucht, 1937

Landwirt Ernst Ziehe bei der Kleeaussaat

Familientreffen der Geschwister Ziehe auf dem Familienbesitz. Untere Reihe v. l.: Lehrer Walter Ziehe, Lehrer Adolf Ziehe, Landwirt Ernst Ziehe, Lehrer Otto Ziehe

Hof Knies

*Viehabholung durch die
Viehverwertungsgenossenschaft
Ebenrode beim Bauern Knies*

*Kolonialwaren und
Eiersammelstelle
Schameitat (ca. 1940)*

Freiwillige Feuerwehr 1939

Klassenaufnahme von 1937

RAD-Lager – weiblich – 4/11; Gesamtansicht von der Straße aus gesehen

Mittelpunkt des Lagers, das Fahnenbeet

Willdorf

*Wohnhaus Walter
Pflaumbaum*

Zufahrt zum Hof

*Melker Gerber
mit dem Zuchtbullen*

Kirchspiel Rodebach (Enzuhnen)

Evangelische Kirche
Das Kirchspiel Rodebach (Enzuhnen) ist im Jahre 1608 gegründet worden. Der Kirchspielbereich wurde aus dem älteren Kirchspiel Pillupönen (Schloßbach) herausgelöst. Es kann davon ausgegangen werden, daß die Erbauung der ersten Kirche ebenfalls um 1608 erfolgte. Sie hieß bis 1659 die „Groß-Rudupön'sche Kirche", weil sie in dem Teil des späteren Ortes Enzuhnen stand, der seinerzeit Groß-Rudupöhnen hieß. Mit dem Bau der bis zur Flucht der Bevölkerung im Jahre 1944 vorhandenen Kirche wurde 1708 begonnen. Nach dem vollständigen Umbau wurde sie am 18. November 1883 erneut eingeweiht (nach Dr. Grenz).

Zum Kirchspiel Rodebach gehörten 17 Orte (politische Gemeinden) und 14 Orts-teile mit 4282 Einwohnern (E = Einwohnerzahl am 17. Mai 1939).

Bißnen, E.: 68.

Freieneck (Kubillehlen), E.: 45.

Groß Trakehnen mit Hauptgestütsvorwerk Trakehnen und den Vorwerken: Be-lowsruh (Taukenischken), Birkenwalde, Burgsdorfshof, Goltzfelde (Bajohrgal-len), Königseichen (Kalpakin), Oettingen (Danzkehmen) und Schwichowshof (Gurdszen, ab 17. 9. 1936 Gurdschen), E.: 1518.

Hollenau (Ostpr.) (Jodszen, ab 17. 9. 1936 Jodschen), E.: 184.

Jürgenrode (Jurgeitschen), E.: 65.

Lerchenborn (Ostpr.) (Schluidszen, ab 17. 9. 1936 Schluidschen) mit Schilfbruch (Ackmonienen) und Wildau (Kurplauken), E.: 263.

Martinsort (Rittigkeitschen), E.: 48.

Mehlkinten, E.: 43.

Mühlengarten (Milluhnen) mit Junkerwald und Kersten (Kerstuppen), E.: 460.

Rodebach (Enzuhnen), E.: 261.

Schleusen (Pakalnischken), E.: 173.

Stolzenau (Ostpr.) (Schillupönen), E.: 161.

Trakehnen, E.: 501.

Urfelde (Urbszen, ab 17. 9. 1936 Urbschen), E.: 141.

Weidenkreuz (Benullen) mit Kleinweidenkreuz (Gaidszen, ab 17. 9. 1936 Gaid-schen), E.: 191.

Wilken, E.: 53.

Wirbeln mit Noreitschen, E.: 107.

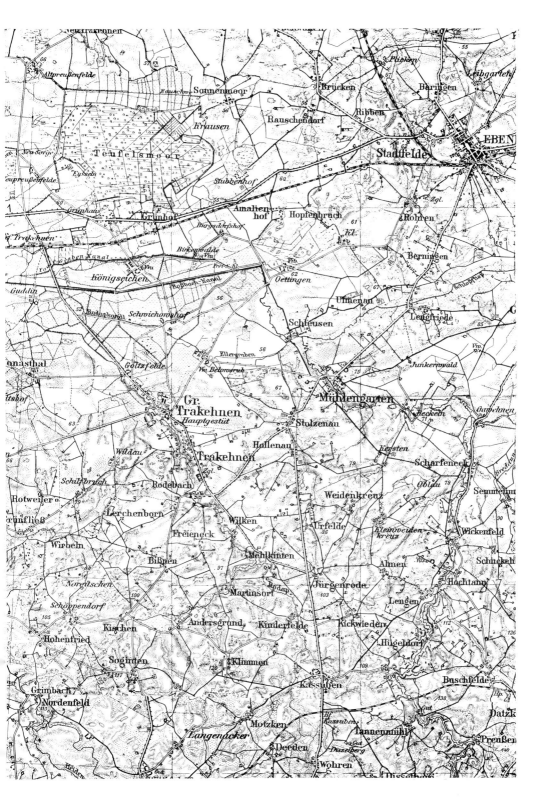

Bißnen

Windmühle
Gustav Kraßtinat;
brannte im Dezember
1939 durch
Selbstentzündung ab

Wohnhaus Preugschat

306

Freieneck

*Wohnhaus
Otto Zandereit*

*Scheunenneubau
beim Landwirt
Otto Zandereit
im Jahr 1939*

*Noch waren sie
alle beisammen.
Geburtstagsfeier
bei
Karl Zandereit
im Jahr 1935*

Groß Trakehnen

Ortsschild

*„Trakehner Tor".
Eingangstor zum
Hauptgestüt.
Unter dem
Brandzeichen
die Jahreszahl 1732,
das Gründungsjahr
der Zuchtstätte*

Anfahrtsweg

Wohnsitz des Landstallmeisters

von Frankenberg 1888–1895

Die Landstallmeister

von Oettingen 1895–1912

Graf Sponeck 1912–1922

Graf Lehndorff 1922–1931

Dr. Ehlert 1931–1944

Färben grau sich deine Haare,
Bleib im Bügel, straff die Zügel!
Mit der Jugend flücht' ger Meute,
Um die Beute – um das Heute,
Um die Jugend – reite! reite!
          Paul Matthias-Trakehnen

Gestütsarchitekt Friedrich Kuebart (nach der Flucht in Bayern)

Bildhauer Reinhold Kuebart
mit „seinem Tempelhüter"
nach der Fertigstellung vor der
Verladung in Berlin

Sattelmeister Kiaulehn

Oberwärter Adomat

313

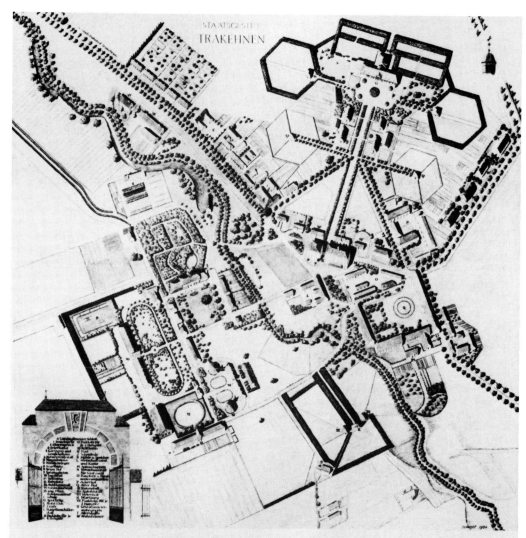

Die Gesamthoflage des Hauptgestüts Trakehnen (nach einem für das Ostpreußische Jagdmuseum, Lüneburg, angefertigten Original von Dr. Franz Schacht, Düsseldorf)

A Landstallmeister (Schloß)	13 Auktionsstall	L Wirtschaftsamt und Kasse
1 Trakehner Tor	14 Fohlenlaufstall	M Autoschuppen
2 Oberveterinär	15 sog. Pilze, Fohlenauslauf	N Versuchsanstalt für Saatzucht
3 Sekretariat	C Schule	O Bauplatz und Handwerkerstätten
4 Gärtnerei und Gewächshaus	D Apotheke	P Ackerhof
5 Kutschpferdestall	E Hotel Elch	Q Alter Hof
6 Wagenremise	F Friseur	19 Stutenstall
7 Hundezwinger	G Hauptbeschälerstall	20 Abfohlstall
8 Kegelbahn	16 Paddoks für je 2 Hengste	21 Veterinär
B Neuer Hof	17 Paddoks für je 3 Hengste	R Wartburg
9 Sprunggarten	18 Reitbahn	22 Paddoks für je 3 Hengste
10 Jagdstall	H Post	S Gestütwärterwohnungen
11 Reitbahn	I Schmiede	T Altersheim
12 Reitplatz	K Mühle und Speicher	W Wohnhäuser

Lageplan des Hauptgestütes

Der Krieg im Osten — Trakehnen, Lehrschmiede

Eine erhebliche Anzahl von Gebäuden des Hauptgestütes wurde während des Ersten Weltkrieges zerstört; hier die Lehrschmiede

Der Krieg im Osten
Trakehnen, ein von den Russen gesprengter Stall

Feldpostbrief des Generalfeldmarschalls von Hindenburg an Gräfin Sponeck im Jahr 1915

Luftaufnahmen, Teilansichten des Hauptgestütes (1931)

Der „Neue Hof" des Hauptgestüts. Im Hintergrund von rechts der Jagdstall, die Reithalle, der Auktionsstall (im Winkel), die „Pilze" (Schlechtwetterausläufe für die Fohlen der Fuchsherde), das Reitburschenhaus, die Wagenremisen, der Fahrstall für Landstallmeister, Veterinäre und Inspektoren und die Behausung der Meute

Gestütssekretariat, dahinter Beamtenwohnungen und Tor

318

Reitabteilung unter Obersattelmeister Kiaulehn beim Ausritt; im Hintergrund die Reithalle

Speicher mit Mühle

Neue Lehrschmiede (alte wurde 1914 beim Einmarsch der russischen Truppen zerstört)

Lehrschmiede; Lehrgang von September bis Dezember 1934

Beim Hufbeschlag

Der Jagdstall

Hauptbeschälerstall

Paddock, Sommerstall eines Hauptbeschälers

Gäste bei der großen Auktion vor der Reithalle

Reichsminister für Ernährung und Landwirtschaft, Dr. Walter Funk, besucht seinen Heimatort. Ihm wurde seinerzeit die Ehrenbürgerurkunde von Trakehnen überreicht

Anläßlich der 200-Jahr-Feier wurde das Standbild „Tempelhüter" im Jahr 1932 errichtet. Dieses Denkmal ist zum Ende des Zweiten Weltkrieges als Beutegut nach Moskau gebracht worden, wo es vor dem Landwirtschaftsmuseum aufgestellt wurde

...ichte gemischte Stutenherde in Goltzfelde

Hauptbeschäler „Tempelhüter" v. Perfectionist a. d. Teichrose, geb. 1905

Hauptbeschäler „Dampfroß" v. Dingo a. d. Laura, geb. 1916

Hauptbeschäler „Pythagoras" v. Dampfroß a. d. Pechmarie v. Tempelhüter, geb. 1927. Die Verbindung von Dampfroß und Tempelhüter erbrachte diesen Hauptbeschäler, der der bedeutenste Vererber war, den das Hauptgestüt Trakehnen in seiner 250jährigen Geschichte hervorgebracht hat.

Hauptbeschäler „Hirtensang" v. Parsival a. d. Hirnschale, geb. 1930

Die Jagd beginnt

*Fritz Wallat
mit seinen Meutehunden*

Jagdpferde mit Meute

*Die Jagd
auf freier Bahn*

Oftpreußisches Reiterlied

Deine Söhne, Land im Osten,
auf der Grenzwacht letztem Posten
stehn, die Hand am Sattelknauf.
Daß ein jeder Reiter werde,
wuchsen deine edlen Pferde
aus dem Heimatboden auf.

Horch, es klingt aus alten Tagen
wildes Lied und Heldensagen,
Reiterkampf auf grüner Heid'.
Vaterlands- und Brudertreue,
stets bewahrt, bewährt aufs neue, –
Reiter, denkt der alten Zeit!

Kameraden, aufgesessen!
Wird kein Hindernis gemessen,
wenn das Herz im Felde fliegt.
Jagdgalopp auf grünen Weiten,
seht, wir reiten durch die Zeiten
ungehemmt und unbesiegt!

Sind der Heimat eingeschworen,
sind dem Sattel schon geboren
und auf ewig ihm geschenkt;
denn die Preußenreiter reiten,
bis sie aus dem Sattel gleiten,
wenn der Tod die Flagge senkt.

Heil'gen Brauches sind wir Erben,
laß ihn, Herrgott, nimmer sterben,
unsern alten Reitergeist!
Gib uns deines Windes Schwingen
einst, wenn die Fanfaren klingen
und es wieder reiten heißt!

Wohl, dann werden unsre Scharen
wie ein heilig Wetter fahren
durch die Nacht, die dich bedroht,
Preußenerde, Heimaterde, –
von den Rücken unsrer Pferde
grüßen wir das Morgenrot.

Gertrud Papendick

Am Reitdamm

Der Trakehner „Gimpel", Goldmedaillen-Gewinner Olympiade 1928 und 1936 in der Dressur unter Rittmeister von Oppen-Bonikowski

*Viererzug des
Landstallmeisters
anläßlich der
Hubertusjagd
am
27. Oktober 1936.
Auf dem Bock
die Gestüter
Steffen und
Kowahl*

*Der
Schulwagen
brachte die
schulpflichtigen
Fahrschüler
zum Bahnhof
Trakehnen*

Hotel Elch

Neue Schule

Schule in Schwichowshof

Schule Oettingen

Schleuse in Oettingen, ein beliebter Badeplatz. In unmittelbarer Nähe ein Zeltlagerplatz. Die Anlage regulierte den Wasserhaushalt im gesamten Areal des Hauptgestüts

Mit diesem Ochsengespann – „Äpelkarren" – wurden täglich auf den Pferdeweiden die frischen Pferdeäpfel eingesammelt, um den Wurmbefall bei den wertvollen Zuchtpferden zu verringern

Dr. Ernst Ehlert, der letzte Landstallmeister des Hauptgestüts Trakehnen, bei einer Fohlenbesichtigung kurz vor der Flucht. Er verließ am 17. Oktober 1944 seinen Wirkungsort. Nach dem Kriege leitete er bis zu seinem Tode das ostpreußische Gestüt in Hunnesrück am Solling

Hollenau (Ostpr.)

Klassenaufnahme mit Lehrer Krüger aus dem Jahr 1940

Lerchenborn (Ostpr.)

Alte Schule; ein Neubau wurde 1926 errichtet

Klassenaufnahme; etwa 1919/20

Hof Fritz Bernhardt (75 ha); vor dem Stallgebäude Trakehner Zuchtpferde

Hof Wilhelm Ipach, Ortsteil Schilfbruch

Wohnhaus Ipach

*Getreideabholung durch die
Fa. Prangmühle Gumbinnen bei
Wilhelm Ipach*

Wilhelm Ipach mit Sohn, 1936

Mühlengarten

Straße nach Ortsteil Kersten

Schulgebäude ca. 1922 erbaut. Eigene Schule seit 1737

*Gutshaus Moeller-Donalies.
Zum Betrieb gehörten mit den
Vorwerken in Junkerwald und
Kersten ca. 700 ha. 1937
aufgesiedelt. Resthof von ca.
80 ha übernahm Dr. Wolter*

Schleuse und Schmiede
Gut Moeller-Donalies (1935)

Gut Schellong; Eigentümerin Frau Anna Schellong, geb. Buettler. War seit 1742 im Besitz der Familie Buettler (ca. 360 ha)

Bindemäher Gutsbetrieb Schellong im Vorwerk Junkerwald

Hof Seidel

Hof Reichstein

Kartoffelernte bei Rohrer

Kleinkaliber-Schützenverein

GRUSS

aus

RODEBACH

Dorfpartie

Dorfansicht

341

Gutshaus Quassowsky,
Hofseite

Gartenseite

Blick
auf den Gutspark

342

Das Teehaus im Gutspark

Gebrüder Quassowsky 1934. Der etwas verdeckte Gedenkstein trug folgende Inschrift:
„Pflanze einen Baum
und kannst Du auch nicht ahnen,
wer einst in seinem Schatten tanzt,
bedenk es haben Deine Ahnen,
ehe sie Dich kannten,
auch für Dich gepflanzt."

Innenraum der Kirche

Glocke der evangelischen Kirche;
gegossen 1636 in Königsberg

Pfarrer Carl Salomon

Grabstelle Salomon

Klassenaufnahme aus dem Jahr 1938

Klassenaufnahme aus dem Jahr 1939

Evangelische Jungschargruppe

Straßenmeister Rudolf Tonat versammelte seine 13 Straßenwärter aus dem südlichen Teil des Kreises 1934 zur Maifeier in Rodebach

Reiterverein – Fahnenweihe mit G. Achenbach, Mattes Spang, Fritz Achenbach

Stolzenau (Ostpr.)

Hof Friedrich Irrittje

Trakehnen (Dorf)

Apotheke

*Fleischerei
Jednat*

Wohnhaus Karl Kuebart; landwirtschaftlicher Betrieb (61,5 ha Eigentum, 8,5 ha Pachtland) und Ziegelei

Straße von Trakehnen in Richtung Rodebach mit Ziegelei Kuebart

Ausflug der Postangestellten

Weidenkreuz

Hof Malskies/Schwabe

Wirbeln

Hochzeitsgesellschaft anläßlich der Trauung von Rudolf Otto Perrey und Lina Charlotte Bernhard am 17. Mai 1934

*Familie
Johann Schachtner vor
ihrem Wohnhaus –1939–*

Kirchspiel Schloßbach (Pillupönen)

Evangelische Kirche
Das Kirchspiel Schloßbach (Pillupönen) ist das älteste im Kreisgebiet, dessen Gründung auf das
Jahr 1557 zurückgeht. Dem letzten Geistlichen, Herrn Pfarrer Paul Melzer, können wir es
verdanken, daß uns wertvolle Angaben zur Geschichte des Kirchspiels zur Verfügung stehen, die
er in seiner Niederschrift „Schloßbach, Ostpr. (Pillupönen) 400 Jahre Kirchspiel" der Nachwelt
hinterlassen hat.
Die erste Kirche wurde im Gründungsjahr des Kirchspiels erbaut, die allerdings 1686 durch die
Polen zerstört wurde. 1778 erfolgte die Errichtung des massiven Steinbaus, der den Zweiten
Weltkrieg überdauert hat.

Zum Kirchspiel Schloßbach (Pillupönen) gehörten 23 Orte (politische Gemeinden) und 6 Ortsteile mit 3349 Einwohnern (E = Einwohnerzahl am 17. Mai 1939).

Buschfelde (Ostpr.) (Podszohnen, ab 17. 9. 1936 Podschohnen), E.: 296.

Datzken (Datzkehmen), E.: 48.

Ellerau (Ostpr.) (Mitzkaweitschen), E.: 117.

Erlenhagen (Laukupönen), E.: 249.

Finkenschlucht (Bäuerlich Budweitschen), E.: 71.

Fuchshagen (Matzkutschen) mit Pötlau (Pötschlauken), E.: 184.

Grundhausen (Adlig Budweitschen), E.: 26.

Haselgrund (Ostpr.) (Szabojeden, ab 17. 9. 1936 Schabojeden), E.: 68.

Hellbrunn (Mattlauken) mit Grenzen (Ostpr.) (Groß Sodehnen) (ab 1. 10. 1939) und Kleinhellbrunn (Klein Sodehnen), E.: 153.

Hochtann (Susseitschen), E.: 81.

Hohenschanz (Gallkehmen), E.: 118.

Matten (Matternischken), E.: 86.

Norwieden, E.: 100.

Pfeifenberg (Daugelischken), E.: 37.

Platen (Plathen) mit Kleinplaten (Klein Schilleningken) und Neuplaten Norudszen, ab 17. 9. 1939 Norudschen), E.: 82.

Sannen (Sannseitschen), E.: 117.

Schloßbach (Pillupönen) mit Kleinschloßbach (Ackmonienen), E.: 791.

Schuckeln, E.: 48.

Semmetimmen, E.: 56.

Steinhalde (Taschieten), E.: 175.

Sudeiken, E.: 32

Tauern (Tauerkallen), E.: 88.

Wenzbach (Wenzlowischken) mit Hugenberg, E.: 326.

Zum Kirchspiel Schloßbach (Pillupönen) gehörte auch der Ortsteil Gut Bredauen (Baibeln) von der Gemeinde Bredauen, Kirchspiel Birkenmühle (Mehlkehmen).

Von der Gemeinde Platen (Plathen) gehörte der Ortsteil Kleinplaten (Klein Schilleningken) zum Kirchspiel Eydtkau (Eydtkuhnen).

Von der Gemeinde Wenzbach (Wenzlowischken) gehörte der Ortsteil Hugenberg zum Kirchspiel Birkenmühle (Mehlkehmen).

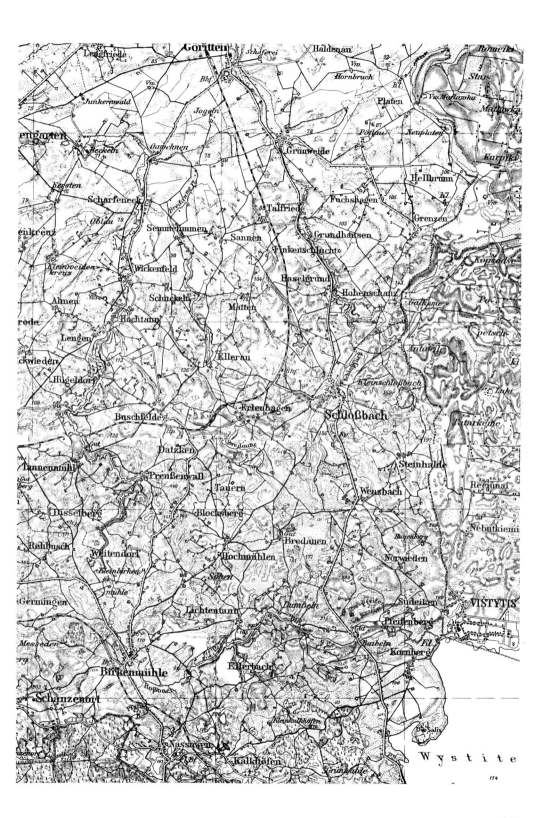

Buschfelde (Ostpr.)

Gasthaus

Gruß aus Podszohnen

Schule

Bahnhof

Ansichtskarte aus der Zeit vor der Ortsnamenänderung

Landwirtschaftlicher Betrieb Dobat (105 ha)

Klassenaufnahme aus dem Jahr 1930, Lehrer Nabereit

Ellerau (Ostpr.)

Konfirmation Ostern 1935 im Hause Beyer

Fuchshagen

Gasthaus Schlemminger. Beamtenhaus.

Schule. Gutshaus.

Gruss aus Matzkutschen.

Ansichtskarte aus der Zeit vor der Ortsnamenumbenennung

Auffahrt zum Hof Becker

Vor dem 1937 erbauten Stall der Betriebsinhaber Hans Becker

Wirtschaftsgebäude mit Mühlenbetrieb Becker

Der letzte Kindergeburtstag im Hause Becker in der Heimat im Juli 1944

Mit diesem Lastzug – Traktor und drei Anhänger – trat die Familie Becker die Flucht in eine ungewisse Zukunft an

Hof Wallner - Buttgereit

Hof Friedrich Kewersun

Hof Hermann Luckat

Zollhaus

Schulklasse 1937

Weihe des Kriegerdenkmals am 12. Juni 1916

Zollaufsichtsstelle

Haselgrund (Ostpr.)

Brücke über die Schloßfließ;
im Hintergrund
Hof Backschat

Hohenschanz

*Abschnittswall einer
altpreußischen Wehranlage –
allgemein unter der
Bezeichnung „Schanzekippel"
bekannt*

*Wohnhaus des Landwirts
Franz Paulat*

Deputantenhochzeit auf dem Hof Paulat, 1932; Hochzeitspaar Albert und Martha Kibat

364

Matten

Wegekreuz Matten, Sannen, Ellerau und Schuckeln

Landwirtschaftlicher Betrieb Rudolf Jautelat

Wohnhaus Kewersun

365

Schloßbach

Dorfstraße
Totalansicht

Pillupönen (Ostpr.)

Geschäftshaus, Inh. Bolz

Ansichtskarte aus der Zeit vor der Ortsnamenumbenennung im Jahr 1938

Schule

Schloßbach (Pillupönen), Krs. Ebenrode

Dorfstraße

Ansichtskarte aus der Zeit nach der Umbenennung

Gasthaus Fuchs

Alte Schule

Ehemalige Gebäude des kölmischen Gutes; in der Mitte Gaststätte Buttgereit

Herrenhaus des adl. Gutes; letzter
Eigentümer Otto Jäger

Bahnhof Schloßbach,
erbaut um 1900.
Die eingleisige Strecke
zwischen den Städten
Stallupönen und Goldap
wurde am 1. August 1901
eingeweiht

Zoll-Reservistennachschub 1941 vor dem Bahnhof

Windmühle Schwokowski und Bauernhof Horn

Rodelbahn am Salzburger Friedhof

*Pfarrer von 1930
bis zur Vertreibung
Paul Friedrich Melzer*

*Kircheninnenraum
mit Altar*

Männergesangverein 3. Juli 1937

Klassenaufnahme von 1927; Lehrkräfte: v. l. Lehrer Schmidtke, Präzentor Czeppluch, Lehrerin Knoch – heiratete später Lehrer Schmidtke

Aufnahme aus dem Jahr 1936;
vorn Paul Arnd,
auf dem Sozius Anneliese Bolz

Semmetimmen

Einfahrt zum Hof Kappus

Teilansicht des Hofes Schekowski

*Heldenfriedhof auf dem Grundstück Schekowski für am 17. August 1914
gefallene deutsche Soldaten; Aufnahme aus dem Jahr 1942*

Tauern

Auf der Treibjagd

Wenzbach

Gasthaus Schukat

Kirchspiel Schloßberg (Pillkallen)

Evangelische Kirche
Das Gründungsjahr des Kirchspiels geht auf das Jahr 1559 zurück, da sich in der Kirche ein Beichtstuhl mit der eingeschnitzten Jahreszahl befand. Die erste Kirche ist im Jahr 1644 beim Durchzug der Polen und Schweden zerstört worden. Eine bis 1650 errichtete Kirche mußte wegen Bauschäden nach einhundert Jahren abgebrochen werden. Von 1756–58 entstand eine schlichte Feldsteinkirche, die 1910 umgebaut wurde und statt des bisherigen Dachreiters einen schlanken, weit sichtbaren Turm erhielt. Im Innern der Kirche befanden sich ein Altar aus dem Jahr 1649 mit reichem Ohrmuschelstil, eine Kanzel aus dem Anfang des 17. Jahrhunderts und der bereits genannte Beichtstuhl von Abraham Döring aus dem Jahr 1559

Zum Kirchspiel Schloßberg (Pillkallen) gehörten aus dem Kreis Ebenrode (Stallupönen) 2 Orte (politische Gemeinden) mit 283 Einwohnern (E = Einwohnerzahl am 17. Mai 1939)

Grieben, E.: 113.
Stehlau (Stehlischken), E.: 170.

So erblickten die Bewohner aus Grieben und Stehlau ihre Kirche, wenn sie den Marktplatz in der Nachbarkreisstadt erreichten

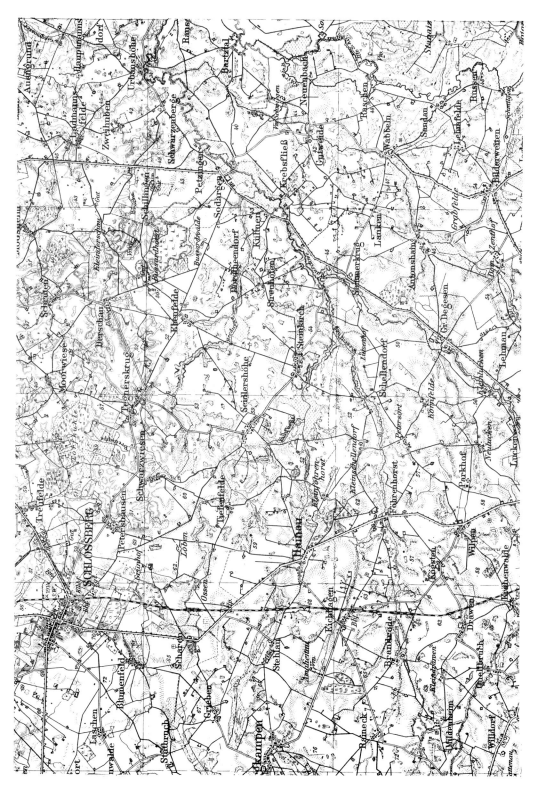

Grieben

Wohnhaus Blaszat

Zuchtbulle des Landwirts Blaszat

378   *Familie bei der Abfahrt zur Hochzeit nach Krusen*

Bewohner des Ortes beim Torfpressen

*Auf der Pferdeweide;
im Hintergrund der
Hof Baltruschat*

*An der Pumpe auf dem Hof Baltruschat Gerda
Baltruschat, Eva Luzinat, Meta Baltruschat*

379

Stehlau

Ansichtskarte aus dem Jahr 1938

Stammhof der Salzburger Familie Heinacher an der Straße nach Grieben

Der landwirtschaftliche Betrieb Grübner im „Winterkleid"

*Wohnhaus
Grübner
von der Hofseite*

*Trakehner aus dem Betrieb Grübner im „Auslauf"; im Hintergrund
der Hof Heinacher*

Hof Otto Pflaumbaum
am Ortsausgang nach
Burgkampen

Wohnhaus
Otto Pflaumbaum

Wohnhaus Otto Wolter

*Einfahrt zum
Hof Ernst Beroleit*

*Familie Beroleit bei der
Ausfahrt mit „Einspänner"*

*Badeanstalt an der Wertimle; in Dorfgemeinschaftsarbeit erbaut.
Eröffnung am 17. Juli 1938*

„Bahnhof" Stehlau an der Reichsbahn-
strecke Ebenrode-Schloßberg-Tilsit. Bis
1938 als Haltepunkt „Schilleningken"
bezeichnet. Im Zuge der Ortsnamenumbenennung erfolgte die Änderung, weil
die Anlage noch im Bereich der Gemeinde Stehlau lag

Schulklasse mit Lehrer Skibbe; Aufnahme aus der Zeit vor dem Zweiten Weltkrieg

Kirchspiel Steinkirch (Groß Warningken)

Evangelische Kirche
Das Kirchspiel ist erst 1853 gegründet worden. Der Bau der Kirche im romantischen Stil erfolgte
1904

Zum Kirchspiel Steinkirch (Groß Warningken), Kreis Schloßberg (Ostpr.) (Pill-
kallen), gehörten aus dem Kreis Ebenrode (Stallupönen) 5 Orte (politische Ge-
meinden) und 6 Ortsteile mit 1293 Einwohnern (E = Einwohnerzahl am 17. Mai
1939).

Föhrenhorst (Jucknischken) mit Kleinföhrenhorst (Wertimlauken), E.: 322.
Hainau (Schilleningken), E.: 462.
Krebsfließ (Ambraskehmen), E.: 96.
Schellendorf (Szillen, ab 17. 9. 1936 Schillen) mit Kleinschellendorf (Mehlschük-
   ken), Kornfelde (Abracken) und Petersort (Peterlauken), E.: 240.
Sodargen mit Gut Sodargen und Schwiegen (Schwiegupönen), E.: 173.
Zum Kirchspiel Steinkirch gehörte auch der Ortsteil Sommerkrug (Gut Tarpupö-
nen) von der Gemeinde Groß Degesen, Kirchspiel Bilderweiten (Bilderweit-
schen).
Von der Gemeinde Sodargen gehörte der Ortsteil Schwiegen (Schwiegupönen)
zum Kirchspiel Bilderweiten (Bilderweitschen).

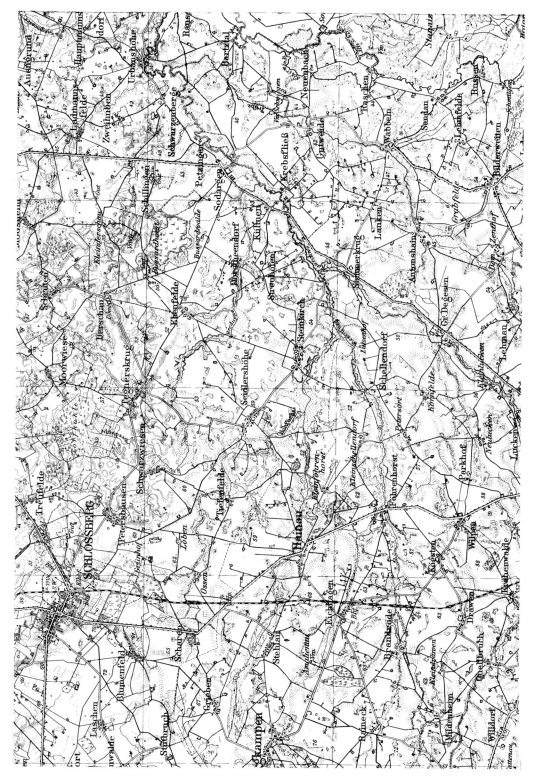

Kartenausschnitt aus der Kreiskarte 1:100 000

Föhrenhorst

Gasthaus zum Hirsch. Inh. W. F. Koplin

*Ansichtskarte aus der Zeit
nach dem Ersten Weltkrieg*

Gasthof Koplin. Ein beliebter Treffpunkt, so wie ihn die Erlebnisgeneration kannte

Gruß aus dem Ausflugsort Jucknischken
Kreis Stallupönen
Gasthaus Im Krug zum grünen Kranze
Bes. A. Grunau

Alte Ansichtskarte mit dem Gasthof „Im Krug zum grünen Kranze"

Gesamtansicht des Hofes Scheidereiter an der Straße nach Eichhagen

Wohnhaus Scheidereiter von der Gartenseite

Wohnhaus Gerullis; Aufnahme vom Storchennest auf dem Viehstall

Viehstall zum Hof Gerullis

Hof Otto
Luschnat

Hof des
Landwirts
Hoffmann

Gehöft des Maurers
Hoffmann

392

*Ehepaar Müller
vor ihrem Haus*

*Hochzeit im Hau-
se Kubillus*

Bund Königin Luise, Ortsgruppe Föhrenhorst

393

Hainau (Ostpr.)

Ansichtskarte aus der Zeit nach 1938. Unten links das Wohnhaus Ußkurat

Gesangverein anläßlich der 400-Jahr-Feier des Ortes am 1. April 1939

Klassenaufnahme aus dem Jahr 1934 mit den Lehrern Franz Reschat und Alfred Thürer

Sonntagsausflug der Familie des Landwirts Schaak. Im Hintergrund der bekannte Fichtenwald

Krebsfließ

Hof Herbert Conrad

*Holländer Windmühle des Land-
wirts Conrad. Bis zur Flucht in
Betrieb*

Schellendorf

Neue Schule; im Vordergrund Lehrer Mathias Schlemminger mit Familie

Wohnhaus Friedrich Hilper

Familie Hilper bei der Ausfahrt

Sodargen

Ansichtskarte

Gasthof Pilzecker

Schulgehöft, Aufnahme aus dem Jahr 1935

Lehrer Heinrich Papke; eingesetzt seit 1. April 1928

Schüler der einklassigen Schule

Gutshaus zur Domäne. Größe des landwirtschaftlichen Betriebes 667,5 ha. Letzter Pächter Dr. Johann-Friedrich Paulsen

Ausschnitte aus einer Ansichts-karte aus dem Jahr 1906 mit Gutshaus und Stallgebäude der Domäne

Überschwemmte Wiesen an der Rauschwe

Eingang zum Lager des Reichsarbeitsdienstes (RAD). Abteilung war überwiegend zur Flußregulierung eingesetzt

Die Landjugend

Auf der Fahrt zum Reichserntedanktag Bückeberg 1936 vor den Extersteinen

*Landjugendgruppe bei der Be-
sichtigung von Staatsgütern in
Litauen 1936*

Masurenfahrt 1937; im Hintergrund Ortelsburg

Masurenfahrer auf der Schiffsanlegebrücke

Erntedankfest 1936. Umzug in Kattenau

Kreislandjugendtreffen in Trakehnen – 1936. Teilnehmer beim „Bauernweihespiel"

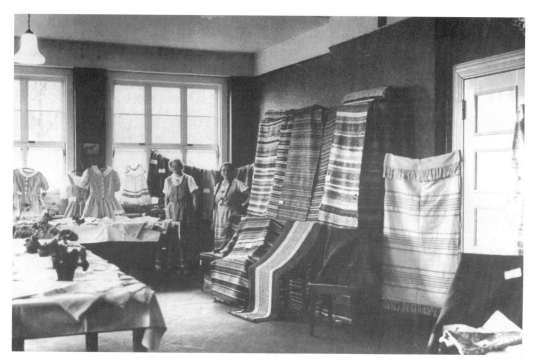

Webausstellung in der Landwirtschaftsschule 1937/38

Schülerinnen und Schüler der Landwirtschaftsschule 1930/31

Winterhalbjahr 1937/38

Winterhalbjahr 1941/42

Mädchenklasse der Landwirtschaftsschule 1943/44 mit Frau Ella Liebrucks

Die Rominter Heide: ein beliebtes Ausflugsziel

Jagdschloß Rominten

Posterholungsheim

Hotel zum Hirschen

Hubertuskapelle mit Glockenturm

Die Hirschbrücke

Auguste-Viktoria-Blick

Romintetal beim Ziegenberg

Die Flucht beginnt

Durch seine Lage an der Ostgrenze der Provinz Ostpreußen gehörte der Kreis Ebenrode (Stallupönen) zu den durch den Krieg am stärksten bedrohten Landkreisen, als sich die „Rote Armee" im Zuge der am 21. Juni 1944 begonnenen Sommeroffensive der deutschen Reichsgrenze näherte. Bereits am 1. August 1944 mußten die ersten Bewohner des Kreises ihre Heimat verlassen, als die östlichen Gemeinden vorsorglich evakuiert wurden.

Am 17. Oktober wurde durch den Landrat die Räumung des gesamten Kreisgebietes angeordnet. Die Trecks erreichten nach einem kurzen Zwischenaufenthalt im Kreis Insterburg den vorgesehenen Aufnahmekreis Preußisch Eylau, den sie dann zum größten Teil überstürzt Ende Januar 1945 vor den anrückenden sowjetrussischen Truppen ebenfalls verlassen mußten, um über das Frische Haff den Weg nach Westen zu erreichen.

Große Opfer unter der Zivilbevölkerung während der Flucht und später in sowjetrussischer Gefangenschaft waren zu beklagen. Bei der noch nicht abgeschlossenen Erfassung der Opfer aus der Zivilbevölkerung des Kreises Ebenrode (Stallupönen) konnten bis zum gegenwärtigen Zeitpunkt (September 1994) 2299 Opfer nachweisbar registriert werden.

Familie Henschel, Birkenmühle, bricht im Oktober 1944 zur Flucht auf

Treckwagen Achenbach aus Weidenkreuz im Oktober 1944 auf der Fahrt in eine ungewisse Zukunft

Ein weiterer Treckwagen aus Kleinweidenkreuz auf der Flucht

Wagen an Wagen

Agnes Miegel, 1879–1964

Um Allerseelen
In der dunklen Nacht,
Wenn vor uns stehen,
Die immer neu unserm Herzen fehlen, –
Erinnerung erwacht
An die alten Kirchen, die Hütel im Feld,
Wo sie schlafen, Vätern und Nachbarn gesellt,
In verlorener Heimat über der See, –
Und an alle, die hilflos und einsam starben,
An alle, die sinkend im Eis verdarben,
Die keiner begrub, nur Wasser und Schnee,
Auf dem Weg unsrer Flucht, – dem Weg ohne Gnade!

Und wir ziehen im Traum verwehte Pfade
Wagen an Wagen endloser Zug,
Der ein Volk von der Heimat trug!

Von Norden, von Osten kamen wir,
Über Heide und Ströme zogen wir,
Nach Westen wandernd, Greis, Frau und Kind.
Wir kamen gegangen, wir kamen gefahren,
Mit Schlitten und Bündel, mit Hund und Karren,
Gepeitscht vom Wind, vom Schneelicht blind, –
Und Wagen an Wagen.

Zuckend wie Nordlicht am Himmel stand
Verlassner Dörfer und Städte Brand,
Und um uns heulte und pfiff der Tod
Auf glühendem Ball durch die Luft getragen,
Und der Schnee wurde rot,
Und es sanken wie Garben, die hilflos starben,
Und wir zogen weiter,
Wagen an Wagen, –

Und kamen noch einmal, trügrisches Hoffen
Durch friedliches Land.
Tür stand uns offen
Bei jenen, die nicht unser Leiden gekannt.
Sie kamen, sie winkten, sie reichten uns Brot, –

Sie luden die Not
An warmem Herde zu sich als Gast.
Scheune und Stroh rief Müde zur Rast.
Doch wir konnten nicht bleiben.
Wir zogen vorüber
Wagen an Wagen.

Und hörten durch Sturm und Flockentreiben
Das Glockenlied ihrer Türme noch
Und hörten doch
Das Dröhnen des Krieges, der hinter uns zog.
Und vom Wegkreuz bog,
Blutend, mit ausgebreiteten Armen,
Sich dorngekrönter Liebe Erbarmen.

Wir konnten nicht halten, wir konnten nicht knien.
Sie kamen hinter uns, Wagen an Wagen, –
Unsre Herzen nur schrien:
O blick nach uns hin!
Wir wandern, wir wandern, endloser Zug,
Volk, das die Geißel des Krieges schlug,
Entwurzelter Wald, von der Flut getragen, –
Wohin? Wohin? –

Die letzte Rettung
Der Treck über das Frische Haff im Februar 1945 (Nach einem Gemälde von Erich Fritz)

Ein von schweren Waffen zusammengeschossener Treck. Ein Bild des Jammers!

Von Oktober 1944 bis zum März 1945 waren die Trecks der Landgemeinden unterwegs, bis sie die Gebiete westlich der Elbe oder Schleswig-Holstein erreicht hatten. Ein Teil wurde allerdings nach der Flucht über das Frische Haff in Pommern oder Mecklenburg von den sowjetischen Truppen überrollt

Der letzte Akt

Der Untergang unseres Heimatkreises Ebenrode (Stallupönen)

Unter diesem Titel schildert Franz Schnewitz in seinem Werk den heldenhaften Verteidigungskampf der deutschen Soldaten gegen eine erdrückende Übermacht sowjetrussischer Truppen im Kreisgebiet Ebenrode (Stallupönen) in der Zeit von Oktober 1944 bis zum Januar 1945. Mit dieser militärhistorischen Dokumentation wird deutlich, mit welcher Härte um unsere heimatliche Scholle gerungen wurde.

Ein Panzergrenadier-Regiment stellt sich zum Gegenangriff bereit

Leichte Flakgeschütze sichern eine Straße bei Ebenrode

Es sind vor allem auch ostpreußische Divisionen, die ihre Heimat verteidigen

Ritterkreuzträger Herbert Singer aus Ebenrode, Kommandeur des II./Füsilier-Regiment 22, der sich besonders als Kampfkommandant von Schloßberg und später als Kommandeur einer Kampfgruppe im Raum Königsberg auszeichnete

Oberfeldwebel Franz Rogalski aus Kalkhöfen. Im Kampfraum Tscherkassy für hervorragenden Einsatz als Stoßtruppführer am 17. März 1944 mit dem Ritterkreuz ausgezeichnet. Zum Leutnant d. R. befördert, bewies er im Februar 1945 als Adj. II./ Gren. Rgt. 45 in Ostpreußen mehrfach große persönliche Tapferkeit, was mit der Verleihung des Eichenlaubs gewürdigt wurde

Walter Westenberger aus Eydtkau am 17. November 1943 als Hauptmann und Btl. Kdr. mit dem Ritterkreuz ausgezeichnet

418

Hauptmann Traugott Kempas aus Ebenrode, Btl. Kdr. im Gr. Regt. 176 (61 ID), erhielt am 9. Dezember 1944 das Ritterkreuz und wurde am 28. Februar 1945 mit dem Eichenlaub zum Ritterkreuz, danach mit der Nahkampfspange in Gold ausgezeichnet und zum Major befördert. Er ist dann am 13. März 1945 im Kreis Heiligenbeil gefallen

Kriegsverluste/Gefallene im Kreisabschnitt Ebenrode in den Kämpfen Oktober 1944 bis Januar 1945

Die 3 Monate andauernden Kämpfe im Kreisabschnitt Ebenrode 1944/45 forderten nach den bis heute vorliegenden und keineswegs als vollständig anzusprechenden Ermittlungsergebnissen einen Verlust von 2747 Mann. Diese Gesamtverlustzahl umfaßt 507 Gefallene, 401 Vermißte und 1839 Verwundete. Bei der noch nicht abgeschlossenen Erfassung der Opfer des Zweiten Weltkrieges – gefallen/vermißt oder in der Gefangenschaft verstorben – aus dem Kreis Ebenrode (Stallupönen) konnten bis zum jetzigen Zeitpunkt – September 1994 – 3052 Soldaten aller Waffengattungen nachweisbar registriert werden.

Ihnen allen gilt auch an dieser Stelle unser ehrendes Gedenken!

Deutsch-russisches Ortsnamenverzeichnis 1992
für den ehemaligen Kreis Ebenrode (Stallupönen)

Deutscher neuer und alter Name

Russischer Name in volkstümlicher Umschrift

Städte und Kirchdörfer:

1.	Bilderweiten	(Bilderweitschen)	Lugowoje
2.	Birkenmühle	(Mehlkehmen)	Kalinino
3.	Ebenrode	(Stallupönen)	Nesterow
4.	Eydtkau	(Eydtkuhnen)	Tschernyschewskoje
5.	Göritten		Puschkino
6.	Kassuben		Iljinskoje
7.	Kattenau		Reste zu Furmanowka
	Neu Trakehnen	(Alt Kattenau)	Furmanowka
8.	Rodebach	(Enzuhnen)	Tschkalowo
9.	Schloßbach	(Pillupönen)	Newsskoje
	Schloßberg (Kr. Schloßb.)	(Pillkallen)	Dobrowolsk
	Steinkirch (Kr. Schloßberg)	(Groß Warningken)	Sabolotnoje

Weitere Ortsnamen und auch Ortsteilnamen:

10.	Baringen	(Bareischkehmen)	Perwomajsskoje
11.	Bruchhöfen	(Uszballen)	Wosskressensskoje
12.	Burgkampen	(Jentkutkampen)	Ssadowoje
13.	Eichhagen	(Schwirgallen)	Sawodsskoje
14.	Erlenhagen	(Laukupönen)	Tschernjachowo
15.	Groß Degesen	(Degesen)	Babuschkino
16.	Sommerkrug	(Tarpupönen)	Rasdolnoje
17.	Groß Trakehnen	(Hauptgestüt Trakehnen)	Jassnaja Poljana
18.	Oettingen	(Danzkehmen)	Ssossnowka
	Birkenwalde		Ssossnowka
	Burgsdorfshof		Ssossnowka
19.	Schwichowshof	(Gurdszen)	Chutorskoje
	Königseichen	(Kalpakin)	Chutorskoje
20.	Grünweide	(Dopönen)	Pokryschkino
21.	Hainau	(Schilleningken)	Wyssokoje
22.	Grenzen	(Groß Sodehnen)	Nekrassowo
23.	Kinderhausen	(Kinderweitschen)	Detsskoje
24.	Leegen		Snamenka
25.	Kleinlucken	(Klein Degesen)	Wysselki
26.	Mühlengarten	(Milluhnen)	Iljuschino
27.	Nassawen		Lessisstoje
28.	Rohren	(Groß Wannagupchen)	Sswobodnoje
29.	Schanzenort	(Schwentischken)	Pugatschjowo
30.	Schenkenhagen	(Szinkuhnen)	Borowikowo
31.	Schützenort	(Petrikatschen)	Prigorodnoje
32.	Stadtfelde	(Lawischkehmen)	Petrowsskoje
	Trakehnen		Reste zu Jassnaja Poljana
33.	Tutschen		Watutino
34.	Wabbeln		Tschapajewo
	Weidenkreuz	(Benullen)	Reste zu Iljuschino
35.	Wenzbach	(Wenzlowischken)	Wosnessensskoje
36.	Willdorf	(Willkinnen)	Scholochowo
420	Wohren		Reste zu Snamenka

Ortseingang Ebenrode, von der Gumbinner Straße kommend

*„Ein alter Bekannter". Meilenstein
Ecke Gumbinner Straße/Schloßberger Straße*

421

Ebenroder Bahnhof

Realgymnasium von der Heinrich-Maria-Jung-Straße

Der Neustädtische Markt; rechts die Luisenschule (Lyzeum)

Ausfahrt vom Neustädtischen Markt Richtung Gumbinner Straße

Im Hintergrund die Ruine der Eydtkauer Kirche

Hauptgestüt Trakehnen; Einfahrt zum „Neuen Hof" durch das „Trakehner Tor"

Früher Landstallmeisterwohnsitz, heute Schule. Die Pferdestandbilder - von Reinhold Kuebart modelliert – befinden sich in Moskau. „Morgenstrahl" seit 1914, „Tempelhüter" seit 1945

Landstallmeisterwohnsitz, Gartenseite

Hotel Elch in Trakehnen

Die Göritter Kirche dient heute als Getreidelagerraum

Haus der Gendarmerie in Göritten

Häuser am Dorfteich in Göritten

Der Anbau des Gutshauses von Göritten wird heute als Schule genutzt

Viehstall und Speicher des Restgutes Göritten (Janzen)

Ortsausgang von Göritten Richtung Alexbrück

Ruine der Kattenauer Kirche

Innenraum der zerstörten Kattenauer Kirche

*Ruine des Gutshauses
der Familie v. Lenski, Kattenau*

429

Alter Pferdestall des Gutes v. Lenski, Kattenau, an der Straße nach Tutschen

Wohnhaus und Reparaturwerkstatt für Landmaschinen und Schmiede der Familie Boehnke in Kattenau. Der Anbau im hinteren Bereich erfolgte nach dem Zweiten Weltkrieg; er wird als Schule genutzt

Saal der Christlichen Gemeinschaft in Kattenau gegenüber der früheren Reparaturwerkstatt der Familie Boehnke

430

*Gasthaus und Saalan-
bau Schneider/Viehöfer
in Kattenau*

*Heutiger Zustand des
Kattenauer Friedhofes am
Ortsausgang Richtung
Ebenrode. Für die heutige
russische Bevölkerung ist
ein Friedhof im Bereich der
Straße nach Tutschen links
vom „Hohen Berg" ange-
legt worden*

*Alte Schmiede in Neu Trakehnen
(Alt Kattenau)*

Wohnhaus des Landwirtes Stein in Willdorf

Gasthaus Julius Peters in Stadtfelde

Stallgebäude zum Hof Ellmer in Bißnen

432

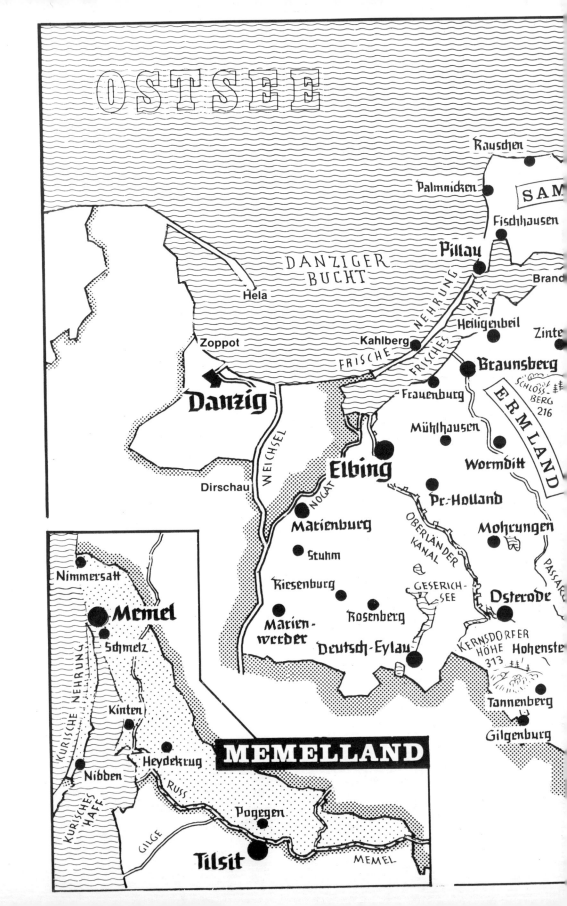